KB153594

도대체
가짜 뉴스가
뭐야?

10대를 위한 글로벌 사회탐구

도대체 가짜 뉴스가 뭐야?

카롤리네 쿨라 지음 | 김완균 옮김 | JUNO 그림
해제 금준경

비룡소

추천의 글
세상 보는 눈이 밝아지는 언론 이야기

송승훈

전국국어교사모임 독서교육 분과 물꼬방 회원, 광동고 교사

사회적으로 가짜 뉴스 문제가 심각한데, 청소년에게 가짜 뉴
스에 대해 자세히 알려 줄 책은 별로 없습니다. 이 책은 드물게
청소년에게 언론에 대해 전반적으로 알려 주는 책이에요. 독일
에서 나온 책이라 독일, 러시아, 미국의 사례가 주로 나와 있어서,
약간 읽기가 까다롭습니다. 읽는 데 지식이 필요하죠. 하지만 객
관적으로 가짜 뉴스 관련 개념을 공부하는 데는 좋기도 합니다.

청소년들은 주로 유튜브에서 가짜 뉴스를 많이 봅니다. 유튜
브는 이용자가 자주 보는 동영상과 관련된 콘텐츠를 자동 추천
하기에, 어쩌다 한번 가짜 뉴스를 보면 계속 그 비슷한 내용을
접하게 되어 가짜의 세계에 빠지기가 쉬워요. 지적 역량이 약한
사람들은 그것을 진짜라고 믿게 되고요. 학교에서도 가짜 뉴스

에서 본 가짜 정보를 진짜로 믿는 학생을 가끔 봅니다. 가짜 뉴스에 빠지면, 사회에 좋은 일을 하지 못해요. 안타깝죠.

이 책은 가짜 뉴스가 사람을 홀리는 방식을 잘 설명해 놓았어요. 어느 정도 진실을 뉴스 안에 넣어 두어 사람들의 공감을 얻고서, 그다음에 거짓을 전하는 수법이 흔히 쓰이죠. 가짜 뉴스는 대부분 누군가 정치적 의도 아래 지능적으로 거짓을 퍼트리는 것입니다. 이런 방식을 알면, 경각심이 생겨서 가짜 뉴스에 속지 않을 수 있어요. 저자가 밝혔듯 어떻게 해야 가짜 뉴스 문제를 해결할 수 있는지는 지금 여러 사람이 고민 중이니, 우리도 함께 생각해 볼 일입니다.

특히 기자나 피디가 되려는 학생에게 이 책을 권합니다. 가짜 뉴스뿐 아니라, 언론이 어떤 모습인지 알차게 설명하고 있어요. 현대 언론인들이 고뇌하는 내용이 잘 정리되어 있고요. "언론은 정보의 바다에서 중요한 것을 가려 검증하고 정리해서 제공하는 전문적인 세계 해석자이다." "언론은 문제를 해결하기보다 드러내기를 잘한다." "그러나 문제를 드러내는 데 그치지 않고 해결하는 데까지 노력하는 언론인들도 있다." 같은 말들이 인상적이에요.

똑똑해지고 싶은 청소년이 읽기에 어울리는 책입니다. 이런 책을 읽으면 세상을 보는 눈이 밝아집니다.

차례

들어가는 말
지금 우리 언론은?

'저 높은 데 있는 사람들은 믿을 수가 없어.'
'언론인들은 다 매수당했어.'
'언론은 정부에게 조종당하고 있다고.'
'거짓말하는 빌어먹을 언론!'

쉽사리 들을 수 있는 불평불만입니다. 특히나 시위가 벌어지는 현장이나 정치적 토론이 이뤄지는 곳에서는 더더욱 그러하지요. 언론인에 대한 시민들의 감정은 그 어느 때보다도 부정적이에요. 뉴스든 신문이든 더는 언론의 보도를 믿지 않는다는 사람들이 점점 늘어나고 있지요.

'언론을 믿지 않는 사람이 늘어도 상관없어. 각자 알아서 결정할 일이잖아.'

이렇게 생각할 수도 있습니다. 맞는 말이죠. 그럼에도 왜 사람들이 언론보도에 불신을 갖게 되었는지 살펴보아야만 합니다. 왜 언론을 믿지 않는지 공개적으로 논의하려 하지 않는다면 더더욱요.

언론을 싸잡아 의심하고 비난하는 사람들이 늘어나는 현실은 전 세계적 추세입니다. '가짜 뉴스fake news'는 미국의 45대 대통령인 도널드 트럼프가 언론을 비난할 때 트위터에서 즐겨 쓰는 용어이지요. 트럼프 대통령은 '가짜 뉴스'를 대문자로 적곤 합니다. 강조하고 싶은 부분을 다른 글자보다 더 크고 더 굵게 표기하는 만화의 말풍선을 연상시키죠. 이처럼 트럼프가 가짜 뉴스라고 적을 때면 우리는 마치 그가 우리를 향해 소리 높여 외치고 있다는 느낌을 받게 돼요. 사람들은 이제 논의하려 하지 않습니다. 그 대신, 트럼프처럼 소셜미디어에서 고래고래 소리치지요.

트럼프 대통령만큼 가짜 뉴스라는 용어를 사람들에게 널리

홍보해 준 사람은 없을 것입니다. 그런데 트럼프 대통령이나 다른 많은 사람은 구체적으로 언론의 어떤 부분을 비난하는 걸까요? 가짜 뉴스는 정말로 존재할까요? 만일 존재한다면, 어떤 모습일까요? '가짜 뉴스'와 '오보'는 같은 것일까요? 언론인들은 오늘날 어떻게 일하고 있을까요? 언론인들이 무엇을 보도할지는 누가 결정할까요? 또 그들에게 노동의 대가를 지불하는 사람은 누굴까요? 아직도 진실을 위해 싸우는 사람이 존재하기는 할까요? 거짓말이나 가짜 뉴스가 퍼지는 걸 막기 위해 언론인

들은 어떤 노력을 기울일 수 있을까요? 또 우리는 무슨 노력을 할 수 있을까요? 이 책은 이 모든 궁금증에 답을 하려 합니다.

그런데 답하기 전에 먼저 짚고 넘어갈 문제가 있어요. 현재를 이해하고 더 나은 미래를 만들기 위해 먼저 과거를 돌아봐야 하죠. 따라서 우리는 다음과 같이 질문해야 할 거예요.

'우리는 어쩌다 이런 상황에 맞닥뜨리게 되었을까?'

1장

언론 신뢰
위기 경보!

점점 커져 가는 분노의 목소리

대부분의 변화는 혁명처럼 느닷없이 찾아오지 않습니다. 알게 모르게 서서히 일어나지요. 그러다 어느 순간, 사람들은 깜짝 놀라 묻게 됩니다. '언제 이렇게까지 되었지?' 하고요.

'가짜 뉴스'라고 외치는 목소리 또한 처음에는 여기저기서 띄엄띄엄 나왔습니다. 초기에만 해도 몹시 절망하거나 분노한 사람들이 내지르는 감정적인 외침이었어요. 시민들에게서 처음 이 말이 나왔을 때, 상당히 급진적이라는 인상을 주었습니다. 지금은 어느새 일상이 되고 말았지만요. 따라서 이 현상들이 어떻게 나타났는지 밝혀내려면, 먼저 가짜 뉴스를 외치는 사람들이 어쩌다 절망하고 분노하게 되었는지부터 살펴보아야만 합니다.

지난 30여 년 동안 사람들의 분노가 폭발적으로 커졌다는 것을 뉴스와 신문 머리기사에서 확인할 수 있습니다. '성폭행 스캔들', '뇌물 수수 의혹' 같은 제목들이 유난히 많이 눈에 띄었지요. 물론 다 보도되어야 마땅했던 사건들입니다. 대다수 사건들은 시민들을 무척 분노하게 했고요. 그런데 이들 보도는 그저 스캔들이 연이어 터진다는 인상만 남길 뿐이었습니다. 끊임없이 보도되었고, 새로운 스캔들로 바뀌면서 계속 이어졌으니까요. 일부 언론인들은 새로운 스캔들에 더 많은 관심을 끌어모으려고 더욱 큰 소리로 외쳐야 한다고 생각했어요. 다시 말해 더욱 비판적으로 보도하고, 더욱 날카롭게 비평하며, 스캔들의 사소한 부분을 과장해서 확대 해석해야 한다고 믿었던 것입니다.(62쪽 참조) 당연히 시민들 사이에서 분노의 소용돌이가 몰아치기 시작했죠. 이 소용돌이는 더 많은 사람의 관심을 끌어모았고요. 이제 와 뒤돌아보면 머리기사의 점점 커져 가는 격앙과 평행을 이루며, 시민들 사이의 긴장된 분위기 또한 점점 더 고조되었다는 것을 알 수 있습니다.

지난 몇 년 사이, 사람들은 다른 사람을 믿지 못하게 됐습니다. 사람뿐 아니라 사람이 한 일에 대해서도요. 단지 언론매체와만 관련된 일이 아닙니다. 정치인, 경영인, 금융인, 군인, 스포츠맨, 사회 유명 인사 그리고 교사와 성직자에 이르기까지 사회 모든 영역의 지도부 또한 똑같은 상황에 맞닥뜨렸지요. 개인이나 집단의 스캔들이 큰 영향을 끼친 겁니다. 다른 한편, '우크라이나 친러시아 분쟁'이나 '난민 위기' 같은 정치적인 변화 또한 영향을 끼쳤지요. 이 사건들을 보도하면서 언론매체들은 늘 바른길만을 걷지 못했으니까요. 이러한 상황들은 언론매체 전반에 대한 불신을 불러왔습니다.

넘쳐 나는 스캔들 뉴스

수많은 스캔들에는 한 가지 공통점이 있습니다. 모두 실수를 저질렀다는 사실이에요. 그런데 실수에 어떻게 대처하는지는 실수를 하는 것과는 전혀 다른 문제입니다. 실수나 범죄를 감추려는 시도는 신뢰성에 큰 타격을 주지요. 그렇게 스캔들이 불거지는 거예요. 아래 소개하는 인물들은 자신과 다른 사람에게뿐만 아니라, 몸담았던 조직이나 단체에도 해를 끼쳤습니다.

1990년대부터 시작해 지금까지도 계속 보도되는 세계적인 스캔들이 있습니다. 바로 가톨릭교회에서 일어난 아동 성폭력 사건들입니다. 성직자들이 어린이들을 성적 대상으로 삼아 이용하거나 학대한 일이지요. 그런 성직자들 가운데 일부는 심지어 일반 학교나 기숙학교 선생님으로 일하면서 자신의 지위를 이용해 어린 학생들을 지배하려 했습니다.

성적으로 학대당한 어린이들 중 일부는 훗날 어른이 되어 경찰서를 찾을 용기를 내었습니다. 점점 더 많은 사건이 폭로되면서, 어느 일부 지역이 아니라 전 세계적인 문제라는 사실이 밝혀졌고요. 전 세계적으로 가톨릭 성직자들은 어린이를 학대했습니다. 그리고 가톨릭교회는 성직자들의 범죄행위에 정직하게 대처하는 대신, 덮기에만 급급했습니다. 가톨릭교회가 쌓아 올렸던 평판과 신뢰는 심각한 타격을 입었지요. 그 결과, 전 세계

2018년 8월, 아일랜드를 방문한 프란치스코 교황. 오른쪽에 가톨릭교회에서 밝혀진 아동 성폭력 문제에 항의하는 펼침막이 보인다. ⓒ연합뉴스

도대체 가짜 뉴스가 뭐야?

에서 수많은 사람이 가톨릭교회를 떠났습니다.

불법 정치자금 스캔들 또한 뉴스 머리를 장식하는 단골 기사입니다. 나라를 가리지 않고 세계 곳곳에서 벌어지는 이런 스캔들의 전체 모습을 상세히 밝히는 것은 불가능할 뿐만 아니라 불필요합니다. 중요한 것은 사건에 연루된 정치인이 나라 발전에 혁혁한 공을 세운 사람일 때, 국민들에게 엄청난 충격과 실망을 가져다준다는 사실이지요.

'독일 통일의 아버지'라 불렸던 헬무트 콜 전 독일 총리가 바로 이런 스캔들에 휘말렸습니다. 1999년, 콜 전 총리의 소속 정당인 기민당이 약 30억 원에 달하는 불법 정치자금을 받았다는 사실이 공개되었지요. 이 사실은 콜 전 총리뿐만 아니라 정치 전반에 대한 독일인들의 신뢰를 한순간에 무너뜨렸어요. 그 결과 기민당의 지지도는 50퍼센트에서 35퍼센트로 떨어지고 말았습니다.

사회 지도층의 논문 표절 스캔들도 전 세계적으로 심심찮게 보도되는 뉴스거리입니다. 스캔들의 주인공이 국민들의 신뢰와

지지를 받던 인물일 경우 실망감은 더 클 수밖에 없지요.

"제 논문은 절대 표절하지 않았습니다."

2011년 독일 전체를 시끄럽게 했던 말입니다. 그해의 거짓말로 두고두고 오르내렸죠. 이 거짓말의 주인공은 당시 독일 국민들의 인기를 한 몸에 받던 젊은 정치인, 카를테오도어 추 구텐베르크입니다. 37세에 최연소 경제 장관을 지낸 뒤 국방 장관에 올라 있던 전도유망한 정치인이었어요. 구텐베르크가 박사학위 논문 일부를 표절했다는 사실이 밝혀지자 시민들의 분노는 언

카를테오도어 추 구텐베르크 전 독일 국방 장관. ⓒ연합뉴스

도대체 가짜 뉴스가 뭐야?

론을 통해 널리 퍼져 나갔습니다. 이 기사는 또 사람들의 관심을 사로잡았지요. 결국 구텐베르크가 박사과정을 밟았던 바이로이트대학교는 그의 박사학위를 취소했습니다. 그 후 얼마 지나지 않아 구텐베르크는 국방 장관 자리에서 물러났고요.

 정치인이나 공직자들의 뇌물 수수 스캔들도 잦습니다. 전 독일 대통령 크리스티안 불프도 그 주인공이었어요. 2011년, 불프 전 대통령은 언론의 커다란 폭로와 마주하게 됩니다. 2008년 작센주 주지사 시절, 기업가인 친구에게 주택자금을 싸게 빌린 사실이 드러난 겁니다. 중요한 문제는 이게 아니에요. 이 폭로를 보도하기 전에 언론사는 불프에게 입장을 밝혀 달라고 했지만, 불프는 도리어 언론사를 압박한 거죠. '형사 고발'을 언급하며 사건을 보도하면 전쟁을 치를 수밖에 없다고 협박까지 했습니다.

 그 전까지만 해도 불프는 젊고 매력적인 이미지로 대단히 사랑받았습니다. 한순간에 이미지는 뒤바뀌고 말았지요. 이제 그의 삶은 언론에 의해 속속들이 파헤쳐졌습니다. 그동안 받은 선물이며 구입하는 모든 물건에 이르기까지, 뇌물 수수와 관련되었을지도 모른다는 의심의 눈초리에서 벗어나지 못했지요.

언론이 만들어 낸 취재 열풍은 결국 검찰을 움직이게 만들었습니다. 검찰은 수사를 위해 대통령에 대한 면책특권을 중지시켜 달라고 연방의회에 요청했지요. 면책특권이 있는 한, 합법적으로 선출된 대통령을 수사할 수 없었기 때문입니다. 결국 다음날, 불프는 스스로 대통령직에서 물러났습니다.

이때 불프 전 대통령에게 제기된 뇌물 수수 의혹은 21선이었지만, 마지막에는 단 한 건만이 남아 있었어요. 2007년에 친구가 700유로(약 90만 원) 가량의 호텔비를 대신 계산했다는 의혹

대통령 사임을 발표하는 불프 대통령, 그 모습을 찍고 있는 카메라맨. ⓒ연합뉴스

도대체 가짜 뉴스가 뭐야?

이었지요. 그리고 2014년 2월, 불프에게는 무죄판결이 내려졌습니다.

독일언론인협회는 뒤늦게 일부 언론과 언론인들이 너무 과도하게 앞서 나갔다는 사실을 분명히 밝혔어요. 독일 유력 일간지 《쥐트도이체차이퉁》의 언론인 헤리베르트 프란틀은 다음과 같이 말했지요.

"불프 스캔들은 언론의 자유에 대해 다시 한 번 진지하게 생각해 보는 계기가 되었습니다. 언론의 자유는 언론인들에게 강력한 영향력을 느끼게 해 주려고 필요한 것이 아닙니다. 민주주의를 위해 필요한 것입니다."

그런데 당시 독일언론인협회 회장이었던 미하엘 콘켄은 크리스티안 불프가 보여 주었던 대처 방식 또한 결코 바람직하지 않았다고 주장했습니다.

"오늘날의 관점에서 돌아보더라도, 불프의 발언은 언론보도에 영향력을 행사해 통제하려는 시도로 판단할 수 있습니다."

나라에는 구성원 모두가 따라야만 하는 원칙과 규범이 있고,

모두가 그 규칙을 지킬 때 비로소 제 기능을 발휘합니다. 불프 전 대통령과 구텐베르크 전 국방 장관을 둘러싼 스캔들은 많은 사람을 화나게 했어요. 이들 유명 정치인은 굳이 그런 규범을 지킬 필요가 없다고 생각했기 때문이죠. 지난 몇 년 사이, 이와 비슷한 사건들은 자주 일어났습니다. 딱히 정치계에서만 일어난 일들도 아니었지요. 예를 들어 유럽의 유명 축구 구단인 'FC 바이에른 뮌헨' 회장 울리 회네스, 유럽 최대의 우편서비스 회사인 '도이체포스트'의 최고경영자 클라우스 춤빙켈 같은 유명 인사들이 탈세를 저질렀고, 그 사건들은 엄청난 화제를 불러일으켰습니다. 이들 모두 일반 시민들과는 비교할 수 없을 만큼 많은 돈을 벌었는데도 사회에 환원해야 마땅한 자신들의 경제적 책임을 회피한 거예요. 그들이 내는 세금으로 학교를 세우고 길을 닦으며 사회복지시설을 지원하는데 말이죠. 이런 소식은 세금을 꼬박꼬박 성실히 납부하던 시민들의 눈에 결코 달갑지 않았습니다.

콜 전 총리, 불프 전 대통령 같은 유명 인사들의 스캔들 기사는 많은 사람에게 전혀 다른 세상 이야기였습니다. 사람들은 자

도대체 가짜 뉴스가 뭐야?

신들의 문제가 언론이나 정치권에 의해 이슈화되기를 희망해요. 언론은 그런 일을 주로 모범적인 개개인의 삶을 다루는 기사를 통해 하지요. 정치인들은 조사 기관에 연구를 의뢰하는 등의 방식으로 정기적으로 시민들의 안녕과 복지를 살피고요. 그런데 정치권은 시민들의 안녕을 제대로 살폈을까요?

2013년, 독일 연방정부가 발표한 빈부 보고서가 조작되었다는 의혹이 불거졌습니다. 초안과 다르게 빈곤층과 부유층 사이의 소득 차가 더 커졌다는 사실이 완전히 삭제되었다고 했지요. 일부 언론들은 최종 보고서와 초안의 차이점에 대해 보도하기 시작했습니다.

결국 몇 달 후, 빈부 보고서가 제대로 공개되었어요. 이때 필립 뢰슬러 경제 장관은 다음과 같이 강조했지요.

"독일의 상황이 요즘처럼 좋았던 적은 일찍이 없었습니다."

이 선언은 뢰슬러 경제 장관이 발표한 보고서에서 감쪽같이 삭제되었던 빈곤층 사람들에게는 마치 비웃는 소리처럼 들렸을 게 분명합니다. 가난한 사람들은 자신들이 독일인에 속하지 않을지도 모른다고 느꼈을 수 있지요. 이와 관련해 언론학자 노르베르트 슈나이더는 많은 사람이 느꼈을 심정을 한마디로 표현

한국 주요 일간지.

사람들은 자신들의
문제나 걱정이
언론에 의해
이슈화되기를 희망합니다.
하지만?

했어요.

"나 같은 놈은 아예 있지도 않은 거야!"

정치적인 위기 앞에서 언론은?

매우 복잡하게 얽힌 정치적인 위기 앞에서 언론은 얼마나 공
정하게 보도했을까요? 언론을 신뢰할 수 있는가, 하는 문제를
다룰 때 대표적으로 거론되는 사건이 있습니다. 2014년부터 시
작해 아직까지도 국제 뉴스에 숱하게 등장하는 우크라이나 친러
시아 분쟁이에요. 이 자리에서는 사건과 관련된 언론보도의 문
제를 다루기 전, 이제껏 우크라이나에서 어떤 일이 벌어졌는지
를 간략하게 설명하고자 합니다.

2014년 이른 봄, 러시아군은 유럽연합^{EU}의 동부와 러시아의
서부 국경 사이에 위치한 우크라이나의 크림반도를 점령했습니
다. 얼마 지나지 않아 크림반도에서 실시된 국민투표에서 주민
95퍼센트가 러시아로 귀속되는 데 찬성표를 던졌어요. 나중에
이 투표가 조작되었다고 밝혀졌지만요.

우크라이나 동부 지역인 도네츠크와 루한스크에서는 러시아 정부로부터 무기와 군대의 지원을 받은 친러시아 반군들이 우크라이나 정부군에 맞서 무장봉기를 일으켰습니다. 이들은 우크라이나 동부 지역을 점령하고 러시아와의 합병을 주장했지요. 이후 무장갈등이 계속되다가 2015년 2월, 휴전을 골자로 하는 민스크 협정이 체결되었습니다. 하지만 지금까지도 이 협정의 합의 사항은 끊임없이 훼손되고 있지요. 2017년 7월 중순, 우크라이나 동부 지역의 반군 세력들은 '말로로시야'라는 새 국가

2018년 1월, 우크라이나 도네츠크에서 우크라이나 정부군과 친러시아 무장 세력이 교전을 벌이고 있다. ⓒ연합뉴스

를 만들었다고 선포하기도 했습니다. '말로로시야'는 우크라이나 말로 '소러시아'를 뜻하며, 우크라이나의 옛 이름이기도 해요.

친러시아 반군 점령지역에서의 언론보도에는 많은 어려움이 따랐습니다. 전쟁 지역이기 때문만이 아니라, 갈등을 둘러싼 분위기가 국제적으로 매우 가열되었기 때문이기도 하시요. 미국과 러시아의 국영 언론사에서 일했던 우크라이나 출신의 언론인, 막심 에리스타비는 2015년의 상황을 다음과 같이 밝혔습니다.

"우크라이나 언론인으로서 나의 일상은 하루하루가 끔찍한 정보와의 전쟁입니다. 러시아와 우크라이나 간의 전쟁이 시작된 후 양쪽에서는 유례없는 심리전이 펼쳐지고 있습니다. 한마디로 우리 언론인들은 거짓 정보의 홍수에 노출되어 있습니다."

독일 공영방송 ARD의 특파원으로 우크라이나 지역을 담당하고 있던 골리네 아타이는 러시아 기자에게서 놀랄 만한 사실을 전해 들었습니다. 러시아 기자들은 러시아 정부로부터 '어떻게 기사를 작성하며, 또 어떤 내용을 삭제해야 하는지 일일이 지시하는' 보도 전략 지침서를 받고 있다는 이야기였죠. 이뿐만 아니었어요. 러시아 정부가 친러시아 반군 점령지역에서의 언론

보도에 숱한 영향력을 행사했다는 증거들이 속속 밝혀졌지요.

　러시아 정부는 자신들이 우크라이나에서 벌어지는 분쟁에 관여하고 있다는 사실을 부인했습니다. 우크라이나에서 러시아 군인들이 여전히 포로로 붙잡히고 있는데도 말이에요. 아울러 서유럽 자유주의 국가, 즉 서방의 언론을 싸잡아 편파적이라고, 자기들 입장만을 일방적으로 보도하고 있다고 비난했지요. 그런 가운데 서방 국가 출신의 일부 언론인들은 친러시아 반군 점

2015년 5월, 우크라이나 정부군에 체포된 러시아 특수부대원의 모습이 텔레비전에 나오고 있다. 이 모습을 확인하고 있는 기자들. ⓒ연합뉴스

령지역으로의 출입이 제한되거나 완전 금지되었습니다.

독일 주간지 《디차이트》의 모스크바 특파원인 알리스 보타는 우크라이나 친정부 민병대에 관해, 다른 한편으로는 친러시아 반군과 그 점령지역의 사람들에 관해 보도했습니다.

"우리 일의 핵심은 그들을 조금이라도 더 잘 이해하기 위해 싸우는 자들 양쪽의 입장을 모두 보도하는 것입니다. 하지만 사람들은 우리가 그렇게 하는 걸 방해했습니다."

어느 날, 알리스 보타와 그 동료들은 친러시아 반군 점령지역으로의 입국을 거부당했습니다. 그 후로는 친러시아 반군에 관한 보도를 할 수 없었지요.

"러시아 외무부 대변인은 서방 언론을 향해 일방적으로 우크라이나의 입장만을 보도한다고 비난했습니다. 물론 맞는 말입니다. 《디차이트》는 2년 전부터 친러시아 반군 점령지역의 기사를 전혀 내보내지 못하고 있습니다. 이유는 단순합니다. 우리는 현지에 접근할 수 없었고, 그래서 보도를 낼 수 없었습니다."

우크라이나 출신 언론인 막심 에리스타비는 말했습니다.

"일부 서방 언론인들은 우크라이나 동부의 상황에 대해 친서방적인 시선을 갖고 있기도 합니다. 하지만 서방 측의 선입견과

러시아 측의 새빨간 거짓말 사이에는 분명 차이가 있습니다."

언론을 통해 '우크라이나 친러시아 분쟁'을 지켜보던 사람들은 지나친 편파 보도에 불평불만을 터뜨렸습니다. 일찍이 유례를 찾아볼 수 없는 적대적인 반응들이 눈길을 끌었고, '거짓말하는 언론'이라는 비난 또한 쏟아졌지요.

또 만나 볼 사례는 전 세계적인 뜨거운 이슈 난민 위기입니다.

2015년 여름으로 접어들며 유럽에 갑자기 난민들이 파도처럼 밀려들었습니다. 현대 역사책에 기록될 만한 사건이었지요. 사람들은 텔레비전에서 난민을 가득 태운 보트들이 지중해 한가운데에 떠 있는 장면을 자주 보게 되었습니다. 중동과 아프리카 사람들이 유럽 국가에 망명을 신청하기 위해 보트로 바다를 건너는 위험천만한 여정을 밟고 있었어요. 그들은 전쟁과 박해와 빈곤을 피해 고향에서 탈출한 사람들로서, 지중해 한가운데에 빠져 죽을지도 모르는 위험을 기꺼이 감수할 만큼 절망적인 상황이었지요. 또 다른 난민들은 중동 지역에서 그리스, 마케도니아, 세르비아 등의 발칸반도 국가들을 지나 유럽으로 가려고 했는데, 이 코스를 '발칸 루트'라고 불러요.

2015년, 난민으로 가득 찬 보트를 구출하는 아일랜드 해군. ©아일랜드 국방부, 출처: 위키미디어

전쟁과 박해를 피해 도망쳐 유럽연합의 어느 한 국가에 도착한 비유럽 국가의 국민은 누구나 망명을 신청할 수 있습니다. 1997년 발효된 '더블린 조약'은 제일 먼저 도착한 유럽연합 국가에서만 망명 신청을 할 수 있다고 규정하고 있지요. 만약 또 다른 유럽연합 국가들로 계속해서 길을 떠난다면 더블린 조약의 규정에 따라 처음 다다랐던 국가로 되돌려 보내집니다. 유럽 한가운데에 자리한 독일은 이웃 유럽연합 국가들로 둘러싸여 있어요. 따라서 하늘에서 뚝 떨어지지 않은 이상, 어떤 난민도 독일로 들어올 수 없는 거지요.

도대체 가짜 뉴스가 뭐야?

2015년 9월의 첫 번째 주말, 상황은 긴박해지고 있었습니다. 그 며칠 전, 독일 연방이민난민청^{BAMF}이 트위터에 다음과 같은 글을 올렸거든요.

"시리아 국적 난민에 대해 예외적으로 더블린 조약 적용을 유예합니다."

이 말은 난민들을 독일로 받아들이겠다는 뜻이었어요. 발칸 루트를 통과하던 수천 명의 난민들은 이 소식을 듣고 독일로 향했지요. 독일 뮌헨의 중앙역에 도착한 난민들은 자원봉사자들의 열렬한 환호를 받았어요. 난민들에게 마실 것과 먹을 것이 주어졌고, 아이들에게는 장난감도 주어졌습니다. 수많은 신문과 잡지 들은 그 장면을 난민을 환영한다는 커다란 제목과 함께 1면 머리기사로 실었습니다. 언론인들 또한 사람이기에, 자원봉사자들의 환호에 전염된 겁니다. 하지만 그 점은 문제예요. 언론인들에게는 중립적인 자세를 잃으면 안 된다는 원칙이 있기 때문이죠.(130쪽 참조)

독일인 모두가 이런 '난민 환영 문화'를 좋은 시선으로 봤던 건 아니에요. 정치인들 중에는 난민을 독일로 받아들이겠다는

2015년 9월, 독일 시민들이 '독일에 오신 것을 환영합니다'라고 적힌 플래카드를 들고 난민들을 환영하고 있다. ©연합뉴스

앙겔라 메르켈 총리의 결정을 중대한 실수라고 하는 사람들이 여럿 있었지요. 이들은 독일로 밀려드는 난민들이 정식으로 난민 등록되지 않았으며, 따라서 안전을 검증받지 않았다는 사실을 주요 근거로 내세웠습니다.

2015년과 2016년 독일에서는 약 120만 명의 난민들이 망명 신청을 했어요. 현재 독일의 총 인구수는 약 8300만 명이에요. 따라서 난민의 숫자는 독일 인구의 약 1.5퍼센트에 달하지요. 오르반 빅토르 헝가리 총리는 2015년 9월 15일, 난민을 막으려

도대체 가짜 뉴스가 뭐야?

고 남부 국경을 폐쇄하라는 명령을 내렸고, 그 결과 '발칸 루트'를 통해 유입되던 난민들은 뚜렷하게 줄어들기 시작했어요.

하지만 언론에서는 난민 위기라는 주제가 좀처럼 수그러들지 않았습니다. 오히려 이 주제를 정치적, 문화적, 사회적, 역사적 관점 등 온갖 시각으로 다루기 시작했지요. 난민 위기는 순식간에 중요한 문제로 인식되었고, 그에 관한 보도는 결코 무시할 수 없는 사안으로 자리 잡았어요.

물론, 언론은 난민 위기와 그 추이에 대해 보도하는 것이 마땅합니다. 하지만 당시 언론의 보도 태도는 언뜻 보기에도 그 정도가 지나쳤어요. 독일 언론인인 라우라 디아즈는 이렇게 분석했습니다.

"순식간에 하나의 주제가 언론을 장악했습니다. 아무도 명령하지 않지만 모두가 복종합니다. 우리 언론인들은 대세를 좇아 이리저리 숨 가쁘게 뛰어다닙니다."

그 결과를 시민들은 어떻게 받아들였을까요? 독일 국민 가운데 단지 3분의 1 정도만이 난민 위기에 대해 균형 잡힌 보도를 하고 있다고 생각했습니다. 거의 절반은 편파적으로 보도한다는 느낌을 받았지요. 즉, 난민을 받아들이면서 생긴 문제점들은 대부분 추상적으로 다루어졌고, 난민 때문에 생긴 기회와 성과는 구체적으로 묘사되었다고 본 거예요.

그런 가운데 이미 많은 사람은 엄청난 숫자의 난민 유입이 가져올 결과들을 분석하고 있었지요. 독일로 몰려온 난민 가운데 교육받지 못하고 글을 읽지 못하는 사람들이, 특히나 젊은이들이 독일의 사회체제에 부담을 주거나 심지어 체제를 악용할지도 모른다며 걱정한 겁니다. 더구나 난민들이 고향의 가족을 독일로 데려올 경우, 문제는 더더욱 심각해질 것이 분명해 보였지요. 많은 사람은 속마음을 자유롭게 표현하기 어렵다는 인상을 받았습니다. 나아가 자신들의 생각이 전혀 공감되지 못하고 언론에 드러나지 않는다고 느꼈고요. 그 결과 많은 사람이 정통 언론매체에 등을 돌리고 '거짓말하는 언론'이라 비난하기 시작했습니다.

일부 지역에서는 사람들의 불만이 단순히 구호를 외치는 정도로만 머무르지 않았어요. 2015년 1월에서 11월 사이, 독일 전역에서 난민 수용소를 대상으로 기물 파괴, 방화 테러와 살인미수 등 747건의 다양한 범죄가 일어났지요. 이 숫자는 한껏 달아

오른 분위기에서, 말은 곧 행동으로 옮겨진다는 사실을 여실히
보여 주었고요.

불안을 자극하는 정보 홍수

이제껏 살펴본 지난 수년간의 각종 스캔들과 정치적 위기는
빙산의 일각에 불과합니다. 이 자리에서는 그저 몇 가지 대표적
인 사례만 보였을 뿐이에요. 예를 들면 2008년 '글로벌 경제위
기'와 2010년 '그리스 부도 위기', 자동차 회사들이 디젤차 배출
가스를 조작한 2015년의 '디젤 게이트', 역사상 최악의 돈세탁
사건으로 꼽히는 2016년 '파나마 페이퍼스 스캔들' 등이 있지요.
그사이 프랑스 니스와 파리, 영국 런던, 독일 베를린과 맨체스터
그리고 다른 많은 지역에서의 테러는 사람들을 두려움에 떨게
했습니다. 그밖에도 지진, 태풍, 토네이도, 그리고 일본의 후쿠시
마 원전 사고의 원인이 된 쓰나미 등의 자연재해는 사람들을 계
속 불안하게 했지요. 그뿐만이 아니었습니다. 1990년대 이후로
광우병, 아프리카돼지열병, 조류인플루엔자, 에볼라바이러스 등

각종 질병들로 인해서도 편안한 일상을 누릴 수가 없었습니다.

이런저런 위기들과 불안감을 자극하는 정보들의 홍수 앞에서 많은 사람은 뉴스 시간에 텔레비전을 아예 켜지 않고 신문을 읽지 않게 되었습니다. 언론에 진저리가 난 거예요. 전 세계에서 일어나는 온갖 스캔들과 정치 문제들에 관한 보도는 사람들을 짜증나고 무기력하게 만들었습니다. 세계화의 영향으로 언제 어디서나 지구촌 소식을 접할 수 있다는 사실이 오히려 사람들을 힘들게 만들었지요.

이런 상황에서 어떤 사람들은 정보의 홍수를 차단해 삶의 공간을 보호하려 합니다. 좀 더 쉽게 해결할 수 있을 문제들과 마주하는, 단순한 세계로 돌아가려는 거예요. 그리고 그런 사람들의 바람을 실현시켜 주겠다고 약속하는 정치인이 점점 늘어나고 있어요. 독일의 극우 정당 '독일을 위한 대안[AfD]', 프랑스의 극우 정당 '국민연합[RN]' 그리고 미국의 도널드 트럼프 대통령이 그 대표적인 예입니다.

이 추세는 오늘날 세계에서 일어나는 일들에 대처하기에 결

도대체 가짜 뉴스가 뭐야?

코 적절치 못합니다. 독일 주간지 《슈피겔》 기자 닐스 밍크마르는 말했습니다.

"역사에게 시달리지 않으며 살 권리는 존재하지 않습니다."

세계화는 결코 되돌릴 수 없는 거대한 흐름입니다. 심지어 멈춰 세울 수조차 없어요. 몇 년 전부터 정치에 대한 무관심 또는 혐오가 중요한 주제로 떠올랐으며, 많은 사람은 대중정당의 내 표자들조차 더는 자신들을 대변하지 못한다고 생각합니다. 그리고 어느덧 우리는 '가짜 뉴스'라는 비난과 마주하게 되었습니다.

새롭고 빠른 변화, 디지털화

상상하기 쉽지 않겠지만, 인터넷이 존재하지 않던 시절도 있었습니다. 그때 사람들은 라디오, 신문 그리고 텔레비전을 통해 뉴스를 접했어요. 뉴스 보도가 마음에 들지 않으면 우편으로 편지를 보내거나 편집부에 전화를 걸었지요. 20세기 말까지만 해도 어떤 정보가 뉴스 가치를 갖고 있는지는 대부분 언론인들이 직접 결정할 수 있었습니다. 이른바 '게이트키퍼gate keeper'로서 문지기 기능을 갖고, 어떤 뉴스를 전달하고 어떤 뉴스를 걸러야 할지 결정하는 역할을 맡았던 거예요.

그런데 디지털화와 더불어 상황은 알게 모르게 변해 왔습니다. 디지털화가 빨라질수록 그 변화는 더더욱 커지고 분명해질 테고요. 이제 지식은 인터넷상에서 거의 무한대로 제공됩니다. 오늘날 필요한 정보를 얻으려는 사람은 가장 먼저 인터넷을 찾지요. 인터넷이 정보를 구하는 유일한 원천인 경우도 매우 많아요. 그런 이유로 언론 또한 인터넷을 적절히 활용합니다. 각 언론사들은 웹사이트에 콘텐츠를 올리고 있으며, 애플리케이션의 도움을 받아 독자 및 시청자와의 관계를 단단히 다지지요.

디지털화는 언론계에 아주 많은 이점을 선사했지만 그와 함께 새로운 문제들 또한 던져 주었습니다. 디지털화로 얻는 가장 큰 이점은 무엇보다도 신속함입니다. 언론인들은 그 어느 때보다 훨씬 더 빠르게 새로운 뉴스에 대응할 수 있게 되었어요. 예전에는 다음 날 아침에 신문이 나올 때까지 기다려야 했다면, 이제는 인터넷을 통해 거의 실시간으로 뉴스를 확인할 수 있지요. 트위터 같은 소셜미디어의 도움을 받아서요. 이제 실시간

한국 주요 언론사 웹사이트.

무한한 정보의 바다, 인터넷!
언론은 인터넷을 활용해
신속하게, 다양한 형식으로
뉴스를 전달합니다.

도대체 가짜 뉴스가 뭐야?

언론의 시대가 왔다고 선언할 수 있을 것입니다. 갑작스레 일어난 사건이든, 선거나 중요한 축구 경기처럼 미리 짐작하고 있던 상황이든 관계없이, 뉴스사이트를 통해 쉽게 보도를 확인할 수 있지요. 인쇄매체의 기사들은 발행된 그대로 고스란히 남아 있습니다. 하지만 인터넷상 뉴스는 수시로 업데이트할 수 있으며, 필요하다면 수정할 수도 있어요. 이런 신속함에는 당연히 위험 또한 도사리고 있지요. 어떤 뉴스를 보도하고 어떤 뉴스를 무시해야 할지 결정하는 것은 결코 쉬운 일이 아닙니다. 따라서 때로는 예기치 못했던 실수를 저지르기도 해요.(137쪽 참조)

디지털화의 또 다른 장점은 뉴스를 다양한 형식으로 보도할 수 있으며, 서로 다른 형식을 결합시킬 수 있다는 점입니다. 특히 멀티미디어 뉴스가 그래요. 텍스트와 사진, 동영상과 음향효과 등을 유기적으로 결합시킨 거죠.

편집부의 취재 방식 또한 달라졌습니다. 온라인 문서실의 수많은 정보와 이미지들을 기사에 활용할 수 있게 되었으니까요. 게다가 이 자료들은 순식간에 전 세계에서 주고받을 수 있지요. 데이터를 분석해 기사를 만들어 내는 이른바 데이터 저널리스트들은 방대한 양의 자료를 분석합니다. 예를 들어, 국고보조금을 받은 명단을 일일이 훑어서, 부당하게 돈을 챙긴 사람들을 찾아내지요.

디지털화로 또 하나 생겨난 게 있습니다. 기자들이 온라인에 올린 콘텐츠에 이용자들이 댓글이나 논평을 남길 수 있게 된 겁니다. 페이스북과 트위터와 블로그 등 개인 미디어를 이용해서요. 많은 언론인은 이를 커다란 장점인 동시에 골치 아픈 문제로 받아들입니다. 이용자들이 남기는 댓글이나 논평이 글을 쓴 기자의 실수를 지적하거나, 의미 있는 토론에 기여한다면 상당히 생산적인 활동이라 할 수 있지요. 하지만 많은 사람이 익명성에 의지해 다른 누군가를 모욕하거나 마녀사냥을 벌이고, 심지어 불법행위도 서슴지 않지요. 일부 매체는 독자적인 커뮤니티를 운영해서 생산적인 토론의 장을 마련하기도 했지만요.

디지털화가 불러 온 문제

멋진 신세계인 인터넷은 무척 매력적이지만, 신문과 잡지에는 상당한 어려움을 불러왔습니다. 인터넷에서 모든 정보를 공짜로 얻을 수 있는데 왜 굳이 돈을 내 가며 인쇄매체를 구독하느냐는 사람들이 늘어나기 시작했기 때문이지요. 실제로 대부분 신문 및 잡지의 발행부수가 줄어들고 있어요. 많은 인쇄매체들이 위기에 처해 있는 거예요.

싼 게 비지떡이란 말마따나, 공짜로 제공되는 인터넷상의 콘텐츠로 인해 시민들의 눈에 비치는 언론의 권위 또한 점점 더 추락하고 있는 것처럼 보입니다.

많은 언론사는 어떻게 회사의 재정을 안정적으로 만들지 고민하기 시작했습니다. 대부분의 인터넷뉴스는 무료로 읽을 수 있어요. 단지 기사가 실린 웹페이지 가장자리에 이런저런 광고들이 있지요. 사람들이 그 기사를 클릭하면, 그만큼 더 많은 광고효과를 얻었고요. 그렇게 클릭 수는 언론계에서 중요한 새로운 단위로 떠올랐습니다. 이러한 현상은 클릭베이트clickbait 라 불리는 결코 바람직하지 않은 트렌드를 이끌어 냈지요. 클릭베이트는 '클릭'과 '베이트'의 합성어로 '클릭을 유도하는 미끼'라는 뜻입니다. 즉, 가능한 한 많은 인터넷 이용자들이 뉴스를 클릭하도록 유혹하는 거예요.

　클릭베이트는 중요한 사업 모델이 되었습니다. 《허핑턴포스트》 같은 매체가 그 예예요. 이들 웹사이트는 헤드라인에 은근 슬쩍 신기한 뉴스를 올려서 호기심 많은 독자들이 바로 클릭하게끔 유도해요. 정통 언론사의 웹사이트 또한 그런 트렌드에 전염되고 말았습니다. 헤드라인이 자극적일수록, 사진이 요란할수록 더 많은 클릭 수를 올리고, 그만큼 더 많은 수입이 확보돼요. 이런 상황은 인쇄매체의 위기에 맞닥뜨린 많은 언론사에게 무엇보다 중요한 문제죠.

　클릭베이트는 독자들을 실망감에 빠뜨릴 위험이 있어요. 기대치가 너무 자주 어긋나게 되면, 독자들은 화를 내게 되지요. 사소하거나 하찮은 뉴스들이 과장되어 있다는 것을 알게 되는 순간, 속았다는 사실을 깨닫기 때문이에요. 이런 독자들의 반응은 이미 언급했던 스캔들 기사의 경우에도 다를 바가 없습니다. 과장되거나 속 빈 강정 같은 기사들은 독자들의 머릿속에 남아요. 그리고 시간이 지나며 기사 헤드라인만 봐도 단지 미끼에 불과하다는 사실을 곧바로 눈치 채게 되지요. 이제 사람들은 언론인들이 각각의 뉴스를 선별하는 데 적용했던 판단 기준이 올

뉴스를 클릭하도록 유혹하는 미끼,

클릭베이트!

바른지 궁금해합니다. 기자들이 냉소적으로 말하듯, 그저 높은 클릭 수를 올리려고 선택된 기사인지를 말이에요. (126쪽 참조)

얼마 전부터 언론사에 더 많은 돈을 벌게 해 주는 새로운 수익형 모델이 생겨났어요. 뉴스사이트 운영하는 데 드는 비용을 더 이상 광고 수익에만 의존하지 않고, '지불 상벽', 즉 페이월 paywall 을 도입했지요. 돈을 지불해야만 기사를 볼 수 있게 한 겁니다. 지금 관점에서 돌아볼 때, 인터넷 도입 초기에 뉴스를 무료로 제공한 것은 아무래도 실수였던 게 분명해요.

기사를 보는 데 기꺼이 돈을 지불하겠다는 사람들은 점점 늘어나고 있어요. 2018년 《뉴욕타임스》의 디지털 구독자는 336만 명으로 전년에 비해 27퍼센트가 늘었어요. 인터넷뉴스를 보는 사람들 대부분이 여러 자료를 통해 다양한 관점의 정보를 수집한다는 사실 또한 새로운 현상 가운데 하나이지요.

2장

손가락질 받는 언론, 이유가 뭐지?

누가 왜 언론을 비난할까?

언론에 대한 불만은 시위 현장에서뿐만 아니라, 인터넷 댓글 창이나 소셜미디어에서도 들려옵니다. 사람들은 왜 그렇게 언론을 비난할까요? 언론에 대한 신뢰도가 정치적인 성향과 밀접하다는 다음의 커뮤니케이션 연구 결과가 많은 점을 시사해 줍니다.

"현재의 정치제도를 신뢰하지 않는 사람들은 언론 또한 신뢰하지 않는다."

정치인을 둘러싼 이런저런 스캔들이 정치에 대한 신뢰를 무너뜨렸다는 점은 이미 설명했습니다. 마찬가지로 일부 사람들은 존중받지 못하거나 심지어 무시당한다고 느낄 때 정치제도가 믿을 만하지 못하다고 느낍니다.(26쪽 참조) 그런 사람들은 현재 체제에서는 아무런 변화도 꾀할 수 없을 거라고 생각해요. 세상을 바라보는 자신들의 관점이 언론매체에서 충분히 드러나지 않는다고 보죠.(129쪽 참조) 결국 그들은 언론인들을 자신들의 입장을 무시하는 현재 체제의 일부라고 인식하며, 언론이 정치와 한패거리라는 나름의 결론에 도달하게 됩니다. 따라서 언

2019년 서울 여의도 KBS 본관 앞에서 열린 보수 단체 집회. 이들 단체는 도올 김용옥 교수가 KBS 〈도올아인 오방간다〉 프로그램에서 '이승만 대통령이 미국 괴뢰'라는 망언을 쏟아냈다며 "KBS가 정권을 위한 방송을 하고 있다"고 주장했다. ⓒ연합뉴스

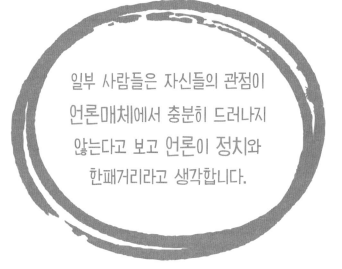

일부 사람들은 자신들의 관점이 언론매체에서 충분히 드러나지 않는다고 보고 언론이 정치와 한패거리라고 생각합니다.

도대체 가짜 뉴스가 뭐야?

론매체 및 언론인에 대한 비판은 현재의 정치체제에 대한 비판 또한 포함하고 있습니다. 그렇게 어떤 사람들은 자신들의 감정을 있는 그대로 소리 높여 외쳐 대지요.

요아힘 가우크 전 독일 대통령은 이 모든 상황을 정확하게 짚어 냈습니다.

"언론의 잘못된 보도가 예외적인 상황이 아니라 반복되는 일상이며, 실수가 아니라 고의라고 주장하는 사람들이 있습니다. 이들에게는 언론인들의 '보도 내용 사실 확인 의무'를 강조하는 것보다는, 세상 어느 곳에서나 거짓과 속임수가 판을 치고 있다는 확신을 증명하는 게 더 중요한 일로 보입니다."

언론을 비난하는 사람들 대부분은 지극히 단순한 해결책만 찾으려 합니다. 오늘날의 세상이 얼마나 복잡하게 얽혀 있으며, 각각의 문제에는 여러 관점과 저마다의 해결책이 존재한다고 설명해 주려는 언론은 그들에게 아무런 도움도 되지 않아요. 그래서 언론인을 '진실을 왜곡하는 자'나 '민중의 배신자'라고 부르지요. 그들은 스스로를 대중이라 여기고, 언론인을 대중과는 먼 소수 엘리트 계층이라고 생각하기 때문입니다. 그런 생각은 정치적으로 '권위주의적 보수주의', '국수주의적 민족주의' 성

한국 인터넷뉴스 댓글창에서 흔히 보는 말

기레기
'기자+쓰레기' 합성어

"'기레기' 같은 언론 불신은
전 세계적 현상입니다.
프랑스에도 '기레기'와 비슷한
똥미디어라는 표현이 있습니다.
어디나 좋은 기자 나쁜 기자가 있을 것입니다.
자신의 일에 자부심을 갖고
정직하게 일하는 기자들에게는
'기레기' 같은 단어가
불공정하게 느껴질 수 있습니다."

—2019년 피에르 아스키 국경없는기자회 회장의 말.

향으로 분류되는 사람들에게서 특히 쉽게 볼 수 있죠. 투표권을 쓰지 않은 사람들이나 아직 어느 한쪽으로 마음을 결정하지 못한 투표권자들에게서도 심심찮게 볼 수 있습니다. 하지만 그 밖의 다른 당을 지지하는 층에서는 극히 일부만이 그들의 생각에 맞장구칠 뿐이에요.

언론은 다 거짓말쟁이라고 소리 높여 외쳐 대는 사람들이 다른 사람들을 자극했다는 사실에는 의심의 여지가 없습니다. 어쨌거나 그 후로 언론인들 또한, 자신들이 신뢰를 잃게 된 데에 언론과 언론인의 책임도 있는 것은 아닌지 스스로 묻고 있지요. 그렇다면 이런 상황은 어떻게 해서 생겨난 걸까요?

언론인들끼리만의 리그

언론매체가 신뢰를 얻기 위해 언론인들은 언제나 자기 비판적인 자세를 유지하고, 실수를 솔직히 인정하고 해명해야 합니다. 그럴 때 비로소 어떠한 불필요한 의심도 받지 않게 될 테죠.

독일 주간지 《슈피겔》은 2016년 초, 몇몇 독자들에게 의견을 물었습니다. 그중 한 사람인 지크프리트 폴메르트는 다음과 같이 말했어요.

"언론인들은 바깥세상에서 어떤 일이 일어나고 있는지 관심이 없습니다."

《슈피겔》에 따르면, 폴메르트는 언론매체가 교사 부족 문제, 병원의 위생 문제, 주거침입 범죄의 증가 등 독자들의 관심과 우려를 제대로 파악하고 있지 못하다고 불만을 터뜨렸습니다. 언론인들이 자신들만의 상아탑에 틀어박혀, 이런 문제들을 외면하고 있다고 했죠.

언론이 정상회담, 테러, 기후변화, 주요 국가의 선거 결과 등 세계적인 사건들에 촉각을 곤두세우고 보도하는 것은 당연합니다. 그런데 이 사건들은 보통 사람들의 일상과는 그다지 관련이 없어요. 많은 사람은 자기와 더 많은 관련이 있는 이슈들을 알기 원합니다. 언론이 그런 바람에 호응하지 못한다면, 지크프리트 폴메르트 같은 보통 사람들은 언론이 자신들과는 동떨어져 있다고 믿을 거예요.

대부분 언론인들은 중산층 시민계급 출신이고, 교양 있고 도시적이며 인종적으로는 동질성을 지닙니다. 독일 주간지 《디차이트》의 편집장인 조반니 디로렌초는 한 연설에서 다음과 같이 비판했어요.

"우리들의 출신배경은 지나칠 정도로 비슷합니다. 신입 사원을 채용할 때면, 편집부는 '우리에게 어울리는' 사람을 선택하곤 합니다."

주로 엇비슷한 이력을 지닌 사람들이 언론사 편집부에 앉으면, 아마 비슷비슷한 방식으로 문제들을 처리할 것입니다. 언론인답게 성장해서 언론인다운 관점과 딱 맞아떨어지게 세상을 바라볼 테죠. 그렇기에 다른 많은 사람의 문제나 견해가 무시된다 해도 이상할 게 전혀 없어요. 대부분 언론인들이 아주 유사한 방식으로 일을 처리하면서 이런 상황은 더더욱 굳어지고요.(126쪽 참조) 그렇게 해서 신문들이 너나 할 것 없이 1면에 똑같은 사진을 올리고, 많은 독자는 언론인들이 보도 내용을 미리 서로 짰다고 의심하게 되는 거예요. 이처럼 같은 성격의 보도를 하게 되는 언론은 이른바 주류 언론으로 자리하게 됩니다. 그 결과, 유별난 의견이나 문제의식들은 좀처럼 들을 수 없게 되지요.

도대체 가짜 뉴스가 뭐야?

언론인들이 맞닥뜨린 또 다른 어려운 문제 하나는, 주관적인 견해를 밝히는 사설을 제외한 모든 보도가 원칙적으로 중립적이어야 한다는 점입니다. 그런데 중립성을 지키는 일은 생각만큼 쉽지 않아요. 언론인들 또한 어쩔 수 없는 인간이기 때문이죠. 어쩌면 언론인들은 감정적으로 영향 받을 수도 있다는 사실을 제대로 인식하지 못하는지도 모릅니다. 이를 가장 잘 보여주는 사례가 바로 앞서 얘기했던 난민 환영 보도예요. 뮌헨 중앙역에서 시민들의 열렬한 환호를 받고 있는 난민들의 사진 앞에서 언론인들 또한 감동받을 수밖에 없었습니다. 조반니 디로렌초《디차이트》편집장은 그 상황에 대해 훗날 다음과 같이 밝혔습니다.

"우리 언론인들이 꽤 오랫동안 객관적인 관찰자의 역할을 하기보다는 난민에 대한 감동을 불러일으키는 데만 지나칠 정도로 몰두했던 것은 아닌가 하는 생각이 듭니다."

물론 난민 환영 보도를 그리 심각하게 받아들이지 않는 언론인들도 많았습니다. 독일 일간지《빌트》의 편집장이었던 카이 디크만은 2015년 가을, 동료들과 함께 난민 환영 단체의 구호 활동을 지원하기도 했지요.(135쪽 참조)

시민들은 언론이 '실제 모습 그대로를 전한다.'는 역할을 잊고 있다는 인상을 받았을 수도 있습니다. 어쩌면 언론인들은 오히려 난민 위기를 보는 자신들의 견해를 내놓아야 한다고 느끼는지도 몰라요. 그런데 그런 생각은 분명 올바른 언론인의 자세는 아닐 거예요.

몇몇 언론매체와 언론인들이 과장보도를 한 사례들도 있었습니다. 앞서 말했던 불프 스캔들을 들 수 있어요. 언론인들은 서로 앞다투어 불프 부부가 받았던 사소한 선물까지 의심하며 들추었고, 결국 불프는 대통령 자리에서 내려왔지요. 이처럼 언론인이 특정 정치인을 자리에서 몰아내는 데만 몰두한다면, '분노의 저널리즘'에 불과할 뿐입니다. 더 많은 독자가 마우스를 클릭하거나 더 많은 부수의 신문이 팔려 나가기를 바라며(47쪽 참조) 언론인들은 특정 인물의 실수를 공격적으로 물고 늘어졌습니다. '정치인 스캔들' 분위기를 한껏 고조시켜 놓았죠. 그런 상황에서 사람들이 언론보도를 거짓말이라고 규정하는 순간, 한껏 가열된 비판은 거꾸로 언론인들에게 쏟아지기 마련이에요. 토마스 데메지에르 전 독일 내무 장관은 다음과 같은 말을 하기

도대체 가짜 뉴스가 뭐야?

도 했어요.

"언론이 끊임없이 우리 정치인들에 관한 자신들의 의견을 드러내며 제4의 권력이자 사회의 검열관으로 행세하려 한다면, 언론인들 또한 정치인처럼 평가받아야 한다는 사실을 전혀 이상하게 받아들일 필요가 없습니다. 그런데 저는 아주 가끔씩, 언론인들이 우리 정치인들보다 훨씬 더 비판에 민감하게 반응한다고 생각하곤 합니다."

언론인들이 잘못을 저질렀을 때 쏟아지는 유별난 비난은 어찌 보면 당연합니다. 많은 언론인은 실수를 인정해야 할 필요성을 깨달았어요. 2016년 어느 모임에서 조반니 디로렌초는 말했습니다.

"실수를 저지른 언론인은 그 사실을 인정하고 사과해야 합니다. 그런다고 해서 그나 소속된 언론사, 또는 방송의 급이 떨어지지는 않습니다. 오히려 그 반대입니다. 고백과 참회보다 더 진실하게 다가오는 것은 없습니다."

잘못을 인정한다는 게 구체적으로 어떤 모습일지를 보여 주는 좋은 예가 있습니다. 독일 공영방송 ARD의 9시 뉴스 메인 앵

커였던 토마스 로트는 2014년 10월 1일 방송에서 5개월 전 저질렀던 실수에 대해 사과했어요. 문제는 우크라이나에서 전해 온 한 보도였습니다.(28쪽 참조) 로트는 방송에서 다음과 같이 이야기했지요.

"마감 시간에 쫓기면서도 부분적으로 모순되고 결함투성이인 정보들의 가치를 정확히 판단해 제대로 정리하는 일은 이루 말할 수 없이 힘듭니다. 저희가 아무리 최선을 다해 노력한다 해도 때로 실수할 수 있습니다."

그렇게 말을 꺼낸 로트는 계속해서 기자가 2014년 5월 20일에 보내왔던 보도는 거짓을 일부 포함하고 있었으며, 두 명의 시민은 친러시아 쪽이 아니라 우크라이나 쪽이 쏜 총알에 사살되었다고 밝혔지요. 마지막으로 로트는 말했습니다.

"저희가 저지른 실수에 대해 깊이 고개 숙여 사과드립니다."

이 사례는 언론인의 일에 있어서 투명성이 얼마나 중요한지를 잘 보여 줍니다. 많은 사람은 언론인들이 어떤 원칙에 따라 어떻게 일하는지 거의 알지 못하기 때문이죠.

《디차이트》기자인 알리스 보타는 다음과 같이 말했습니다.

도대체 가짜 뉴스가 뭐야?

《디차이트》가 마련한 행사에서 독자들과 이야기를 나눌 때면, 하나의 주제가 어떻게 해서 신문 지면에 오르느냐는 질문을 종종 듣곤 합니다. 그들 중에는 15년 내지 20년 동안 우리《디차이트》를 구독하고 있는 독자들도 많습니다. 이 독자들이 회의적인 입장으로 돌아선 것입니다. 독자들은 왜 어떤 주제는 신문에 오르고 어떤 주제는 오르지 못하는지 알지 못합니다. 언론인이 하는 일은 독자들에게는 일종의 블랙박스나 마찬가지고, 그래서 불신이 금세 자리 잡게 됩니다."

이런 상황에서 점점 더 많은 언론인들이 보도 과정을 투명하게 보여 주려고 시도하고 있습니다.(137쪽 참조)

언론보다 소셜미디어?

소셜미디어는 정통 언론매체들이 얼마만큼이나 신뢰할 만하다고 인정받는가 하는 질문 등에서 중요한 역할을 담당합니다. 예전에 언론인들은 일종의 게이트키퍼, 즉 뉴스 결정권자로 인정받았습니다. 하지만 오늘날 대부분의 정보는 인터넷을 통해 전파되고, 그중 많은 것은 사회관계망 서비스, 즉 SNS를 통해 유통됩니다. 사람들은 소셜미디어의 알고리즘이 새로운 게이트키퍼라고 생각하곤 하죠. 알고리즘은 일종의 명령어로, 이용자들의 검색 기록이나 클릭 정보 등의 데이터를 수집해서 자동적으로 맞춤형 뉴스를 추천하는 거예요.

왜 사람들은 정통 언론매체보다 소셜미디어의 알고리즘을 더 신뢰할까요? 이 질문에 대답하기 위해서는 소셜미디어가 얼마만큼이나 변화했는지, 그리고 사람들은 어떻게 뉴스와 정보를 받아들이는지를 좀 더 자세하게 살펴볼 필요가 있습니다.

많은 이용자가 SNS를 거쳐 뉴스를 접합니다. 페이스북이나 트위터 같은 곳에서 뉴스를 접하고 그 링크를 통해 언론사 웹사이트에 다다르는 거지요.

그와 달리 언론사 웹사이트의 시작 페이지를 거쳐 뉴스에 다다르는 경우에는 지금 세상에서 어떤 일이 일어나고 있는지에 관한 안목을 갖추게 됩니다. 여기서 시사성에 따라서 가장 중요한 것으로 분류된 뉴스는 대부분 가장 위쪽에 자리 잡거든요. 아울러 다양한 범주, 즉 해당 분야에 따라 '문화', '스포츠', '경제' 등으로 분류되지요. 소셜미디어에서 뉴스는 이와는 다른 범주에 따라 분류되어요. 글이 인기가 있을수록, 그리고 더 많은 사람이 '좋아요!'를 달고 공유하고 댓글을 달수록 더 유명해져 중요한 자리에 위치하게 됩니다.

소셜미디어는 기존의 미디어와는 전혀 다른 기능을 지닙니다. 커뮤니케이션 학자인 카타리나 클라이넨 폰쾨니히스뢰프는 소셜미디어가 이제 '정체성 작업'을 위해 존재한다고 했어요.

"언론사 웹사이트를 둘러보는 사람은 지금 세상에서 어떤 일이 벌어지고 있는지 알기를 원합니다. 그와 달리 SNS를 이용하는 사람은 지금 자신의 세계에서 어떤 일이 벌어지고 있는지를 알려고 하며, 이를 다른 사람들에게도 전달하려 합니다."

사람들은 SNS에서 사회적 관계를 형성하는 데 힘씁니다. 그 과정에서 친구의 사진과 동영상과 게시 글뿐만 아니라, 친구들이 추천하는 기사나 동영상 링크까지도 전달돼요. 일반적으로 사람들은 자신이 잘 알고 있는 유명한 웹사이트를 신뢰합니다. 물론 친구들의 추천 또한 중요한 역할을 담당해요. 사람들은 아는 사람이 추천하는 웹사이트를 좀 더 신뢰하는 경향이 있거든요. 이전에 전혀 들어 보지 못했더라도 말이에요. 아는 사람의 추천에서 비롯된 신뢰는 그들이 제공하는 정보에게로 그대로 옮겨 갑니다. 미국의 유명 PR 기업 '에델만'의 회장인 리처드 에델만은 이를 다음과 같이 설명했어요.

"사람들은 서로 이야기 나누는 것을 좋아합니다. 하지만 기존의 매체들은 대부분 혼잣말을 할 뿐, 독자나 시청자들과는 대화하지 않습니다. 그 결과 지금 젊은 세대는 SNS에서 만나는 친구들의 말에 귀를 기울일 뿐, 언론인이 말하는 것 따위에는 전혀 관심이 없습니다. 사람들은 이제 모르는 사람을 믿지 않습니다. 친구나 알고 지내는 사람을 신뢰합니다."

그밖에도 소셜미디어에서는 자기 확인 또한 중요한 역할을 담당합니다. 사람들은 일반적으로 자신이 이미 알고 있던 것과 일치하는 정보를 '참'이라고 여겨요. 영국의 심야 토크쇼 진행자인 존 올리버는 이를 다음과 같이 유머러스하게 표현했지요.

"사람들은 인터넷에서 자신의 생각을 공짜로 다시 받아 보기를 원합니다."

전통적인 매체가 겪고 있는 신뢰의 위기가 인터넷의 발달과 얼마나 관련 있는지를 보여 주는 믿을 만한 연구 결과는 아직 없습니다. 하지만 앞서 설명한 상황들로 미루어 짐작해 볼 때, 소셜미디어 또한 위험을 품고 있다는 사실만큼은 분명해 보여요. 사람들은 SNS에서 친구를 찾고, 친구와 서로 비슷한 생각을 하며 비슷한 게시 글을 읽고 추천합니다. 이는 친구 관계를 맺는 데는 유용할 거예요. 동시에 SNS의 알고리즘은 이용자가 이미 주의 깊게 살펴본 것들과 특히 잘 어울리는 콘텐츠들을 찾아내 추천해요. 그렇게 사람들은 자신의 입장과 일치하는 정보들만을 받게 되지요. 여기에 필터버블^{filter bubble}과 에코 체임버^{echo chamber}라는 현상이 나타납니다.

'필터버블'은 필터링된 정보에 갇히는 현상을 거품에 비유한 말로, 걸러진 정보만을 접하게 되어 한쪽으로 치우친 생각이 더 증폭되는 것을 나타냅니다. '에코 체임버'는 '메아리 방'이라는 뜻으로, 닫힌 방에서 같은 뜻을 가진 사람들 소리만 메아리처럼 계속 접하는 것을 말해요. 이는 소통을 막히게 만들 수 있습니다. 사람들은 소셜미디어라는 자기만의 세상에 만족하며 다른 생각을 지닌 사람들을 만나지 못하고, 아울러 더는 논쟁을 벌일 필요도 없기 때문이죠.

우선은 편안하게 느껴질지도 모르는 이런 상황은 결국 한쪽으로 치우치고 비뚤어진 세계관을 갖게 만듭니다. 그러다 어느 순간 정말로 저 바깥세상에는 자신과 다르게 세상을 바라보는

사람들이 전혀 존재하지 않는다고 믿게 될 거예요. 그렇게 되면 이들은 가우크 전 독일 대통령의 다음 지적과 같이 됩니다.

"그들은 듣고 싶어 하는 것을 말해 주는 사람에게만 신경 쓸 뿐, 알아야만 하는 것을 말해 주는 사람은 무시하게 되고 맙니다."

온 세상 사람들이 자기처럼 생각한다고 믿기 때문에, 언론이 내보내는 보도를 거짓말이라고 받아들이는 거예요.

언론인을 향한 공격

SNS에서든 언론사 웹사이트 댓글에서든, 여기저기에서 언론인에 대한 부정적인 이야기를 흔히 볼 수 있습니다. 그리고 말은 종종 행동으로 이어지기도 해요. "인터넷상에서 과도한 공격의 증가는 오프라인 현실로 옮겨진다."는 커뮤니케이션 학자 이레네 네베를라의 주장이 충분히 공감되지요.

'거짓말하는 언론은 개에게나!'라는 외침은 시위 현장에서 흔히 들을 수 있습니다. 이 구호는 마치 폭력을 부추기는 것처럼

2017년 7월 2일 트럼프의 트위터 계정에 올라온 동영상 캡처본. 영상과 함께 'CNN은 가짜 뉴스'라는 해시태그를 달았다.

느껴져요. 머리에 CNN 방송사의 로고가 박혀 있는 남자를 마구 때리는 미국 대통령 도널드 트럼프의 동영상처럼 말이에요.

언론인에 대한 언어 공격과 신체 공격이 자주 일어나고 있습니다. 언론인들은 동료를 보호하기 위해 저마다 대책을 마련하고 있고요. 예를 들어 독일의 신문사 《베를리너차이퉁》는 2016년 초, 자신들의 동료를 위협하거나 모욕하는 사람에게 법적인 모든 책임을 물겠다고 공식적으로 선언했죠.

'국경없는기자회'는 세계의 언론 자유 확대와 언론인 인권 보

도대체 가짜 뉴스가 뭐야?

호를 목적으로 1985년 파리에서 설립된 국제단체입니다. 이 단체는 2002년부터 전 세계 국가들의 언론 자유도를 평가하기 위해 '세계 언론 자유 지수'를 발표하고 있어요. 언론인, 특파원, 저널리스트, 인권운동가 같은 전문가들이 살해·체포·투옥·협박·고문 등 언론인에 대한 직접적인 가해행위와 검열·압수·수색·압력·규제 등 미디어에 관한 압력 정도 등의 50개 항목에 대해 평가한 결과를 토대로 지수가 작성되죠. 국경없는기자회는 지난 2018년 '정보와 민주주의에 관한 국제선언'을 발표했는데, 여기에서 "언론인을 향한 폭력 행위 및 저널리즘의 질적 추락과 같은 현상은 국민의 알권리 행사에 위협이 된다."라고 지적한 바 있습니다.

팩트보다 감정? '탈진실'의 시대

이제 탈진실post-truth이라는 말이 널리 쓰입니다. 진실을 벗어나는 흐름이나 추세를 가리키는 것이죠. 그렇다면 '탈진실의 시대'란 대체 무엇을 의미할까요?

다음 사례가 그 의미를 분명하게 보여 줍니다. 2016년 독일의 한 방송국에서 주최한 토론회에 베를린 지역 5개 주요 정당의 하원의원 후보들이 참석했습니다. 극우 정당인 '독일을 위한 대안^AfD' 소속 후보인 게오르크 파츠데르스키는 '진실에 호소한다' 면서 "난민은 위험한 범죄자 집단이므로 받아들일 수 없다."라고 주장했습니다. 방송 진행자는 그에게 범죄 관련 통계자료를 보였어요. 독일에 사는 외국인의 약 2퍼센트와 전체 독일인의 약 1.5퍼센트가 범죄자에 속한다는 통계자료였지요. 그렇다면 외국인 범죄자의 비율은 독일인에 비해 약간 높은 거예요. 대략 98퍼센트의 외국인과 98.5퍼센트의 독일인이 불법행위와는 관계없는 삶을 살고 있다는 사실이죠.

하지만 파츠데르스키는 진행자가 내민 통계자료에는 전혀 관심이 없었습니다. "정말 중요한 것은 단순한 통계 수치가 아니라, 시민들이 정작 어떻게 느끼느냐 하는 점입니다."라고 대꾸했죠. 그러고 한마디 덧붙였어요. "지각이 바로 현실입니다." 즉, 느끼는 것 또한 실제 현실과 다를 바가 없다는 것입니다. 풀어 말하자면, 어떤 시민이 독일인보다 외국인을 훨씬 더 범죄적이라고 느낀다면, 이는 실제 통계와는 상관없이 정말로 그렇다는

탈진실의 시대!

객관적 사실은 필요없어,
**중요한 것은 단지
내 감정뿐!**

의미예요. 파츠데르스키처럼 생각하는 방식이 바로 '탈진실'입니다. 객관적 사실은 더 이상 중요하지 않고, 중요한 것은 단지 감정뿐이라는 거죠.

사실과 통계와 증거는 오늘날 우리가 누리는 토론 문화의 핵심 토대입니다. 사람들이 이 세 가지 원칙을 무시한다면, 우리의 토론 문화는 그대로 무너지고 말 거예요. 공통의 어려움을 해결하는 것은 물론이고, 이 나라에서 무엇이 가장 중요한 문제인지조차 좀처럼 의견의 일치를 이뤄 낼 수 없을 것입니다. 이는 민주주의의 근간을 뒤흔들 테고요.(153쪽 참조) 특정 문제에 매우 감정적으로 대처하는 사람은 대부분 어떠한 사실을 갖다 들이대도 설득하기가 쉽지 않아요. 반면에, 객관적 사실에 근거해 확신을 가진 사람은 강력한 감정으로 설득하기가 훨씬 더 쉽지요.

이러한 탈진실의 경향은 세계 곳곳에서 관찰되었습니다. 2017년 대통령 취임식 이후 한동안 트럼프 대통령은 자신의 취임식에 얼마나 많은 사람이 참석했는지가 가장 중요했어요. 대통령 취임 선서를 하는 자신의 모습을 그 어느 때보다도 많은 사람들이 지켜보았다고 주장했지요. 언론인들은 트럼프의 주장을 반박했고, 근거 자료를 내놓았어요. 하지만 트럼프 대통령은 생각을 바꿀 마음이 전혀 없었습니다. 백악관 고문 켈리앤 콘웨이가 텔레비전 뉴스에 출연했을 때, 진행자가 질문했어요. 백악관은 왜 계속 방문객 숫자에 집착하면서 거짓말을 하느냐고요. 콘웨이는 이렇게 답변했지요.

"우리는 단지 대안적 사실을 보여 줬을 뿐입니다."

트럼프 정부는 사실을 보여 주지 않았습니다. 어떠한 증거도 내놓지 않고 다른 주장을 하면서 '대안적 사실'이라고 했지요. 보는 입장에 따라 사실도 여러 가지라는 것이었어요. 2003년 세상을 떠난 대니얼 패트릭 모이니한 전 미국 상원의원은 이런 태도에 대해 "누구나 자기 의견을 가질 자유가 있지만, 자기만의 사실을 가질 자격은 없다."라고 비난했습니다.

우크라이나 언론인 막심 에리스타비는 사실이 점점 의미를 잃어 가고 있는 상황에 대해 이렇게 말했어요.

"진실은 대부분 두 극단적인 입장 한가운데에 자리합니다. 그런데 러시아와 우크라이나의 갈등에서는 전혀 그렇지가 못합니다. 러시아 정부는 진실이 대개 중간쯤에 있을 거라는 사람들의 심리를 훤히 꿰뚫고 있고, 자신들의 언론매체를 '또 하나의 목소리'로 내세워서 완벽하게 활용하기 때문입니다. 그 이야기를 믿게 만들기 위해서가 아닙니다. 궁극적인 목적은 가능한 한 많은 혼란을 불러일으키는 것입니다."

이 설명은 대안적 사실이 만들어지는 과정을 보여 줍니다. 바로, 사실을 부정하는 것에서부터 시작하는 거죠. 그리고 이들 대안적 사실이 바로 '가짜 뉴스'인 것입니다.

3장
가짜 뉴스란
무엇일까?

오보와 가짜 뉴스의 차이

가짜 뉴스는 영어인 '페이크 뉴스feke news'에서 왔습니다. 여기서 '페이크feke'는 왜곡, 위조, 모방, 가짜를 뜻해요. 가짜 뉴스는 진실이나 사실을 전하는 대신, 진짜 뉴스의 말투나 언어 그리고 편집 등을 똑같이 흉내 내는 거짓 정보를 일컫죠. 단순한 실수에서 비롯되는 '오보'와는 분명하게 구분돼요. 오보의 경우, 그 기사를 작성한 기자는 자신이 정확한 정보를 보도했다고 확신합니다. 하지만 가짜 뉴스는 그 기사를 만들어 낸 사람이 특정한 의도를 가지고 조작한 거예요. 대부분 누가 맨 처음 어떤 의도로 가짜 뉴스를 세상에 퍼뜨렸는지는 확인할 수 없습니다. 그 사람은 개인일까요? 아니면 정치집단일까요? 그도 아니면 어느 국가권력?

한 가지 사실만큼은 분명합니다. 가짜 뉴스는 진실을 밝히는 게 아니라, 혼란을 부추기는 도구로 사용돼요.

'가짜 뉴스'는 최근에 어떤 맥락에서 떠오른 걸까요? 요즘 가짜 뉴스라는 말이 의도적으로 조작한 보도를 가리키는 경우는

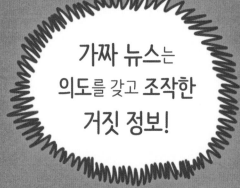

좀처럼 드물며, 대부분 누군가를 헐뜯는 용도로 사용됩니다. 그리고 뉴스사이트의 기사 댓글이나 SNS의 게시물에서뿐만 아니라, 미국 대통령의 연설 같은 공식적인 데서도 모습을 나타내지요. 트럼프 대통령은 《뉴욕타임스》나 《워싱턴포스트》, 또는 CNN에서 일하는 언론인들에게 가짜 뉴스를 퍼뜨린다고 비난을 퍼붓습니다. 그 어떠한 증거도 내놓지 않으면서 말이죠. 이들 언론인은 전 세계에서 일어나는 사건들을 가능한 한 사실 그대로 전달하려고 애를 쓰는데, 건실한 언론의 이미지에 알게 모르게 흠집을 내는 거예요. 무엇을 사실로 보고 무엇을 사실이 아닌 것으로 볼지에 관해 이미 합의했던 우리 사회의 근간을 야금야금 갉아먹고 있는 것입니다.(153쪽 참조)

따라서 가짜 뉴스의 또 다른 정의는 세상에 널리 퍼뜨릴 의도로 소셜미디어를 통해 세상에 널리 유포시키는 거짓 정보들일 것입니다. 또한 가짜 뉴스는 마음에 들지 않는 보도나 언론매체를 비난하는 모욕적인 표현이기도 하죠.

위와 같은 '가짜 뉴스'의 개념은 비교적 빡빡하게 설정된 것입니다. 실제 사례들을 살펴보면, 거짓 정보의 세계에는 악의적인 소문부터 가짜 뉴스와 명백한 선동(프로파간다)까지 뒤섞여 있다는 것을 알 수 있어요.

가짜 뉴스는 어떻게 퍼질까?

가짜 뉴스를 만들고 퍼트리는 사람들에게는 '정보공간을 지배하는 것'이 가장 중요합니다. 가짜 뉴스는 이 목표를 이루기 위한 여러 수단 중 하나에 불과할 뿐이죠.

가짜 뉴스는 '프레이밍framing'에서 시작돼요. 다른 말로 '틀 짓기'라고도 할 수 있어요. 전달할 내용을 어떤 틀 안에 넣느냐에 따라 듣는 사람의 생각과 행동이 달라질 수 있지요. 한마디로 프레이밍을 통해 어떤 언어로 상황을 전달할지 선택하는 거예요. 예를 들어 '기후변화'라는 말은 어느 정도 긍정적으로 들립니다. 반면에 '기후 위기'라는 말은 환경에 대한 걱정을 일깨워주지요. 이처럼 같은 내용이라고 해도 쓰는 말에 따라 인상이 달라져요.

디지털 세상은 매우 현대적인 방식으로 영향력을 발휘합니다. 로봇이 정체를 숨기고 자동으로 소셜미디어에 글을 올리기도 해요. 흔히 '봇bot'이라 불리는 이 가짜 계정들은, 가짜 뉴스를 널리 퍼뜨리기도 하죠. 컴퓨터시스템을 공격해 악성소프트웨어가 실린 스팸메일이나 악성코드를 발송하는 '봇넷botnet'과 봇을 혼동해서는 안 돼요. 소셜미디어에서 활동하는 봇은 여론에 영향을 끼치거나 심지어 조작할 수 있어요. 봇이 올린 가짜 뉴스는 각 소셜미디어에서 '리트윗' '좋아요' '공유' 되면서 점점 더 멀리 확산되어 나갑니다. 마치 많은 사람이 똑같은 견해를 갖고 있는 것 같은 인상이 생겨나지요. 그와 동시에 가짜 뉴스는 높은 '리트윗' '좋아요' '공유' 숫자 덕으로 알고리즘에 의해 한층 더 강조되고 두드러집니다. 그렇게 다른 의견들은 자동적으로 묻히고 말아요.

정보공간에서의 여론 주도권을 얻어 내기 위해 해커가 투입되기도 합니다. 국회나 정당과 같은 외국의 공공기관 시스템을 해킹하는 경우, 그 영향력은 상상할 수 없을 만큼 커져요. 해킹한 자료를 공개해서 그 나라의 정치판을 한껏 흔들어 놓겠다고 데이터 절도를 벌이는 거지요.

위 방법들은 여론에 영향을 끼치기 위해 필요하다면 복합적으로 사용되기도 합니다.

무엇보다도 이들 방법은 가짜 뉴스를 만들고 퍼뜨리는 비용이 아주 적게 든다는 점에서 매력적입니다. 일단 온라인에서 입소문이 나면, 그때부터는 저절로 퍼지기 때문이에요.

가짜 뉴스 따위에는 아무런 관심도 없어 보이는 가난한 지역 사람들이 가짜 뉴스를 더더욱 널리 퍼뜨리는 기이한 현상이 일어나기도 합니다. 어느 누구도 부탁한 적이 없는데도 말이에요. 그들은 그저 돈을 벌기 위해 웹사이트를 만들어 인터넷에서 찾아낸 가짜 뉴스를 다루고, 웹사이트에 광고를 단 뒤, SNS를 통해 링크를 퍼뜨립니다. 그런데 이런 일은 그리 자주 일어나지 않아요.

가짜 뉴스를 만들고 퍼뜨리는 사람들 대부분은 정치적인 의도를 갖고 있습니다. 감정적인 논쟁을 불러일으킬 만한 주제들이 사람들을 의도대로 조종하기에 효과적이란 사실을 잘 알고 있죠. 앞서 얘기한 독일의 난민 위기나 우크라이나 친러시아 분쟁이 그러한 예가 될 거예요.(28쪽 참조) 또 앞으로 나올

2016년 미국의 대통령 후보 힐러리 클린턴의 사례도 들 수 있겠지요.(96쪽 참조) 종종 실제 사건들이 표적이 되어 크게 왜곡됩니다. 그리고 이런 과정을 통해 적어도 약간의 진실이 담긴 가짜 뉴스들이 생겨나요. 저널리스트인 크리스티안 마이어는 독일 일간지 《디벨트》에서 이렇게 말했습니다.

"약간의 진실을 담은 조작된 뉴스가 마치 플라세보 효과(긍정적인 생각만으로 증세가 호전되는 효과)처럼 작용한다면 사람들은 그 뉴스를 믿을 수밖에 없고, 그렇게 그 뉴스는 목적을 이루게 됩니다."

이런 방식을 통해 몇몇 가짜 뉴스들은 심지어 진짜 뉴스로 탈바꿈하기도 해요. 언론인들조차 현혹되어 그것들을 진실이라고 여기기 때문입니다. 하지만 이런 실수는 대부분 금세 발견되어 수정돼요.

가짜 뉴스는 대부분 많은 사람이 감정적으로 논쟁을 벌이는 주제들을 중심으로 만들어집니다. 가짜 뉴스의 사례로는 다음과 같은 것들이 있어요.

프랑스 대통령 에마뉘엘 마크롱은 동성애자로, 위장된 결혼 생활을 이어가고 있다.

난민들은 거의 모두가 범죄자이다.

70만 명에 이르는 독일인들이 메르켈 총리의 난민 정책을 더 이상 견디지 못하고 고향을 떠났다.

힐러리 클린턴은 사실 남자이다.

힐러리 클린턴은 뇌에 문제가 있고, 불치병을 앓고 있다.

힐러리 클린턴은 위키리크스의 설립자인 줄리안 어샌지를 살해하라고 지시했다.

미국의 대통령이었던 버락 오바마는 이슬람교도이다.

미국인 영화배우 덴젤 워싱턴과 프란치스코 교황은 미국 대통령 선거에서 도널드 트럼프를 지지했다.

이런 소식들은 SNS를 타고 전 세계로 퍼져 나갔고, 수백만 명의 사람들이 공유하며 '좋아요!'를 눌렀어요. 하지만 이들 뉴스는 결코 사실이 아니었습니다.

가짜 뉴스 뒤 숨은 이해관계 찾기

몇 가지 가짜 뉴스들을 좀 더 자세히 살펴보면, 그 뒤에 어떤 이해관계가 숨어 있는지 금세 눈치챌 수 있을 것입니다.

유럽 대 러시아 가짜 뉴스 전쟁 : 사라진 러시아계 소녀

2016년 초, 독일 베를린에서 러시아 이민자 출신 가정의 13세 소녀 리자가 실종되었다는 뉴스가 퍼져 나갔습니다. 리자의 부모는 경찰에 실종 신고를 했고, 곧바로 리자를 찾는 수색이 이루어졌지요. 다음 날 멀쩡한 모습으로 나타난 리자는 남쪽에서 온 난민 남성들에게 납치당해 갇혀 있었으며 강간을 당했다고 주장했습니다. 하지만 경찰은 리자의 주장을 곧바로 반박했어요. 의사는 리자에게서 강간과 관련된 어떠한 흔적도 발견하지 못했고, 경찰은 휴대전화 데이터 분석을 통해 리자가 전날 밤 남자친구의 집에서 잤다는 사실을 밝혀냈거든요. 결국 리자는 학교 성적이 너무 많이 떨어져서 부모님에게 혼이 날까 봐 집으로 돌아가지 못했고, 그래서 거짓말을 하게 되었다고 털어놓았습니다.

리자가 사라진 날 밤에는 납치도 강간도 일어나지 않았습니다. 그렇지만 리자가 난민 남성에게 납치되어 강간당했다는 소문은 소셜미디어와 러시아 뉴스를 타고 순식간에 퍼져 나갔지요. 며칠 동안 가짜 뉴스들이 인터넷을 장식했습니다. 독일의 여러 도시에서는 시위가 벌어졌고, 그 시위에는 러시아계 독일인이나 이민자 출신의 사람들뿐만 아니라 극우 운동 조직인 페기다 PEGIDA 도 참여했어요.

리자의 사례는 세계적으로도 화제가 되었습니다. 러시아 외무 장관 세르게이 라브로프는 리자 사건을 두고, 독일 경찰이 의도적으로 사실을 축소 은폐하려 한다고 비난했지요. 이런 주장은 인터넷을 통해 음모론과 외국인 혐오의 확산에 불을 붙였어요. 2017년 초, 메르켈 독일 총리는 블라디미르 푸틴 러시아 대통령을 만난 자리에서 리자 사건과 같은 거짓 정보의 확산에 맞서 단호하게 대처할 것이라고 강조했습니다.

2017년 초, 우르줄라 폰데어라이엔 전 독일 국방 장관은 어느 연설에서 다음과 같이 말했습니다.

"거짓으로 꾸며진 리자 사건이 아무 이유 없이 '난민'과 '러시

페기다('유럽의 이슬람화를 반대하는 애국적 유럽인들') 회원들이 난민을 반대하는 집회를 열고 있다. ©연합뉴스

도대체 가짜 뉴스가 뭐야?

아계 독일인 소녀'와 '강간'을 하나로 결합시키고 있는 것이 아닙니다. 혼란을 부추기는 선동은 객관적인 것처럼 보이는 정보로 잘 포장된 독약을 눈에 띄지 않게 계속 한 방울 한 방울 떨어뜨리고 있습니다."

리자 사건으로 독일에서는 난민 유입에 반대하는 여론이 높아졌고, 정부에 대한 불신이 커졌다고 합니다. 그렇기 때문에 폰데어라이엔 전 국방 장관이 '혼란을 부추기는 선동'이라고 말한 거죠. '리자가 하룻밤 동안 사라졌다.'라는 실제 사건에 조작된 다른 정보가 덧붙어 널리 유포되었습니다. 리자의 사례는 독일 정보기관에서 가짜 뉴스의 전형적인 사례로 지정되었죠.

이 사례는 부분적으로는 외교적인 영역에까지 영향을 끼쳤지만, 비교적 별 탈 없이 지나간 경우입니다. 난민과 관련된 독일의 긴장된 분위기를 한층 더 고조시키려는 의도를 갖고 있었죠. 이와 달리, 다음에 다룰 사례들은 가짜 뉴스가 국제정치에서 얼마나 큰 영향력을 발휘하는지 여실히 보여 줍니다.

이제는 정보 전쟁이다! 러시아발 가짜 뉴스
국제 무대에서 가짜 뉴스와 관련해 아주 중요한 역할을 하는 국가가 있습니다. 바로 러시아예요. 러시아는 과거에 비밀 정보 기관이 썼던 '거짓 정보 유포 전략'에 다시 초점을 맞추기 시작했어요. 이 전략을 되살려 낸 사람은 바로 러시아군 총참모장 발레리 게라시모프입니다. 목표는 '최소 비용으로 적을 혼란에 빠뜨리는 것'이었지요. 즉, 다른 나라 국민들을 선동해 무엇이 진실이고 거짓인지를, 그리고 자신들의 정부와 언론이 제공하는 정보가 믿을 만한지 아닌지를 의심하게 만드는 것이죠.

2013년, 게라시모프 총참모장은 다음과 같이 밝혔어요.

"거짓 정보 유출 전략을 통해 평화로운 공동체의 삶을 몇 달 만에, 심지어는 며칠 만에 격렬한 무장 갈등 현장으로 바꿔 놓을 수 있고, 침략의 희생양으로 만들 수 있으며, 내전을 치르다 몰락하게 만들 수도 있습니다."

게라시모프 총참모장의 이름을 따서 '게라시모프 독트린'이라 부르는 이 전략은 해커 공격, 자료 폭로, 가짜 뉴스 유포, 봇 계정 운영, 그리고 군사적인 조치 등을 적절히 섞어 쓰는 것입니다. 러시아에서는 러시아투데이[RT]나 스푸트니크처럼 외국에 나가 있는 러시아인들이 즐겨 시청하는 국영방송, 그리고 뉴스

프런트 같은 웹사이트 등이 이 전략에 쓰였어요. 이 세 매체는 끊임없이 서로를 언급하며 소개해서 허위 보도와 과장보도를 사실인 것처럼 보이게 했어요.

러시아는 '우크라이나 친러시아 분쟁'(28쪽 참조) 때 이 전략을 썼습니다. 정부의 지시에 따라 러시아 통신사 이타르타스는 소셜미디어를 통해 의도적으로 여론에 영향력을 끼쳤지요. 예를 들어 크림반도를 강제로 합병하기 전, 러시아는 현지의 텔레비전과 인터넷과 신문을 이용해 가짜 뉴스를 퍼트렸습니다. 크림반도의 주민들은 여러 매체에서 보고 들은 가짜 뉴스들을 사실이라고 확신했죠. 훗날 크림반도가 러시아에 점령당할 때에는 저항하다 사망한 희생자가 단 한 명도 없는 것으로 알려졌고요.

푸틴 러시아 대통령은 처음부터 우크라이나 동부 지역에서의 폭동을 러시아 정부가 유도했다는 주장을 인정하지 않았어요. 그때 몇몇 독일 언론인들에게 푸틴의 주장과는 정반대되는 사실을 증명해 주는 수천 통의 이메일이 은밀하게 전달되었지요. 예를 들어, 러시아 정부는 '우크라이나의 상황이 점점 악화되고 있다.'는 뉴스를 좀 더 실으라고 촉구했습니다. 러시아가 이 지역에 보낸 50번째의 구호물자가 도착할 때 환영식을 준비하라고도 요구했고요. 그 요구에 따르면 환영식에는 어린이들, 교사 두세 명, 의사 두세 명이 자리해야만 했고, 연금을 받는 사람들이 참석해 감사 편지를 낭독해야 했지요.

또 한번은 푸틴 대통령에게 얼마나 감사하고 있는지를 보여주는 장면을 연출하라는 주문을 하기도 했습니다. 예를 들면, '한 할머니가 푸틴 대통령에게 선물할 양말을 짜고 있다', '어린이들이 푸틴 대통령의 초상화를 그리고 있다', '조각가가 푸틴 대통령 기념비의 마지막 작업을 하고 있다' 등의 감성적인 이야기를요. 러시아 정부가 자신들이 의도하는 뉴스를 만들어 줄 사건을 연출하는 데 관심을 두고 있다는 사실이 드러나죠. 이런 태도야말로 선동이라고 할 수 있어요.

미국 대통령 선거를 강타한 가짜 뉴스

미국에서는 2016년 대통령 선거를 앞두고 가짜 뉴스가 극성을 부렸습니다. 민주당 후보 힐러리 클린턴과 공화당 후보 도널드 트럼프 사이의 선거전은 상당히 감정적이면서도 흥미 위주로 흘러갔지요. 많은 사람이 정통 뉴스보다는 가짜 뉴스를 통해 선거전을 이해하려 했기에, 이런 분위기는 한층 더 뜨거워졌어요. 미국 인터넷 매체 버즈피드가 밝혔듯, 선거전이 끝나갈 무렵에는 주요 매체가 올린 20개의 가장 인기 있는 보도보다 페이스북에 올라온 20개의 가장 인기 있는 가짜 뉴스가 더 많이 공유되고, 훨씬 더 많은 '좋아요'와 댓글을 달았죠. 누구보다도 힐러리 클린턴과 그 가족 및 선거운동 본부는 가짜 뉴스의 가장 큰 희생양이었어요. 가짜 뉴스로 만들어진 힐러리 클린턴의 이미지는 도널드 트럼프의 인신공격성 발언 '사기꾼 힐러리'와 너무나 잘 맞아떨어졌고요.

그런데 힐러리 클린턴에 관한 가짜 뉴스가 대량으로 유포된 이유는 도널드 트럼프와의 경쟁 때문만이 아니었습니다. 러시아 정부가 힐러리 클린턴을 너무 싫어했거든요. 힐러리가 과거에 러시아의 푸틴 대통령을 "영혼조차 팔아먹은 인간"이라고 비난했기 때문이에요. 게다가 러시아의 반정부 시위대를 지지하는 등 러시아의 심기를 무척 불편하게 했죠. 러시아 정부는 힐러리 클린턴이 미국 대통령으로 당선되는 걸 방해하려고 했습

OO뉴스

미국 인터넷 매체 버즈피드에 따르면
2016년 미국 대선 직전 3개월 동안
주요 언론사가 올린 진짜 뉴스보다
가짜 뉴스가 페이스북에서
더 많은 관심을 끌었습니다.

··

인기 있는 콘텐츠 상위 20개
공유·반응·댓글 건수

가짜 뉴스 > **진짜 뉴스**
871만 1000건   736만 7000건

니다. 먼저 '게라시모프 독트린'에 따라 가짜 뉴스를 만들어 퍼뜨렸어요. 그뿐만이 아니었죠. 해커를 동원해 힐러리의 이메일을 해킹하기까지 했습니다. 미국의 보안 전문가 로라 갈란트는 힐러리 클린턴의 이메일 유출 사건 배후에 러시아 정부의 지시를 받은 해커 집단이 숨어 있다는 사실을 주변 보안 전문가들 어느 누구도 의심하지 않았다고 밝혔지요.

미국의 대통령 선거가 소셜미디어에서 널리 유포된 가짜 뉴스로 결판난 것은 아니었습니다. 2016년에는 미국인들의 20퍼센트가 인쇄된 신문을 정기 구독했어요. 그리고 57퍼센트는 정치 뉴스를 일차적으로 텔레비전을 통해 접한다고 밝혔지요. 전체 미국인 가운데 단지 18퍼센트만이 뉴스를 접하는 가장 중요한 출처로 소셜미디어를 지목했습니다. 그때는 소셜미디어의 영향력이 어느 정도 제한되어 있었다는 말이에요. 물론 이러한 추세가 앞으로 어떻게 변해 갈지는 좀 더 지켜볼 일이죠.

여러분은 가짜 뉴스가 얼마나 치명적인 결과를 가져올 수 있는지 충분히 실감했을 것입니다. 언론을 향한 적대감이 특정한 상황, 특정한 사람들에게서는 순식간에 폭력으로 바뀔 수도 있지요. 미국에서 벌어졌던 한 가지 사건이 이를 뚜렷하게 보여줍니다.

총기 난사로 번진 '피자 게이트'

미국의 대통령 선거전에서 널리 퍼졌던 가짜 뉴스 중에는 힐러리 클린턴의 선거운동 본부가 워싱턴에 있는 피자 가게 '카밋 펑퐁'에서 은밀히 아동 성 착취 조직을 운영하고 있다는 뉴스도 들어 있었습니다. 그리고 힐러리 클린턴의 선거운동 본부장이 그 피자 가게의 사장과 친구라고 밝혀졌지요. 또한 해킹을 당한 힐러리 클린턴의 이메일로는 그 피자 가게에서 여러 차례 피자를 주문했다는 사실이 드러났습니다. 여기까지가 그 가짜 뉴스에 들어 있던 진실의 전부예요.

음모론자들은 힐러리 클린턴의 선거운동 본부가 피자 주문을 통해 피자 가게 지하실에 갇혀 있는 어린이들에 관한 정보를 주고받고 있다는 소문을 퍼뜨렸습니다. 미국 방송사인 CNN에 따르면, 2016년 12월경에는 수백만 명의 미국인들이 그 가짜 뉴스를 들어 알고 있다고 했지요.

도대체 가짜 뉴스가 뭐야?

이 가짜 뉴스가 사실이라고 믿어 의심치 않았던 28세의 한 남성은 몇 시간을 운전해 노스캐롤라이나에서 워싱턴으로 달려갔습니다. 그는 '카밋 핑퐁'으로 들어서자마자, 갇혀 있는 어린이들을 구하겠다고 소리치며 마구잡이로 총을 쏴 댔어요. 그런데 곧 그곳 안에는 갇혀 있는 어린이가 없고, 뉴스에서 들었던 사실을 뒷받침할 아무런 증거도 찾을 수 없다는 사실을 깨달았지요. 결국 그 남성은 경찰에 투항했고, 그 후 재판을 거쳐 4년 형을 선고받았습니다.

미국 워싱턴에 있는 피자 가게 '카밋 핑퐁'. 총격 사건으로 봉쇄되어 있다. ©연합뉴스

가짜 뉴스가 어떻게 그처럼 빠르고도 넓게 퍼져 나갈 수 있는 지 이해하려면 소셜미디어 외에 또 다른 인터넷 매체도 주의 깊게 살펴볼 필요가 있습니다. 페이스북이나 트위터 등을 통해서는 가짜 뉴스들이 단지 공유될 뿐이기 때문이죠. 이들 가짜 뉴스가 어떻게 만들어지고 전 세계로 퍼져 나가는지는 러시아의 사례를 통해 이미 설명했습니다. 그럼 다른 나라, 예를 들어 미국이나 독일에서는 어떻게 가짜 뉴스가 만들어질까요? 그리고 어떤 과정을 거쳐 시민들에게 공개되는 걸까요?

이미 꽤나 유명세를 탄 미국의 인터넷 매체 '브라이트바트'의 대표였던 스티브 배넌은 도널드 트럼프의 선거운동 본부에서 선거 전략을 기획했으며, 그 공을 인정받아 2017년 8월까지 백악관 수석 전략가로 일했습니다. 브라이트바트는 단순히 가짜 뉴스만을 유통시킨 게 아니었어요. 비록 너무 심하다 싶을 정도로 과장된 것이긴 하지만 엄연한 진짜 뉴스와 논평을 가짜 뉴스들과 뒤섞어 유통시켰지요. 진짜 뉴스와 논평 그리고 가짜 뉴스의 조합은 브라이트바트와 같은 매체를 싸잡아서 거짓말쟁이라고 규정하는 것을 한층 어렵게 만듭니다. 하지만 그곳에 실린 몇몇 뉴스들은 그 매체가 거짓말을 한다는 사실을 분명하게 보여 주지요.

《슈피겔》의 편집장 클라우스 브링크보이머는 다음과 같이 말했습니다.

"오늘날은 '탈진실의 시대'라고 불립니다. 너무나 많은 사람이 소문이나 거짓을 재미있어 하며 떠들고, 얼마 지나지 않아 그것들은 진실과 같은 '참'이 되어 버리기 때문입니다. 페이스북과 트위터에서는 꾸며 낸 뉴스든 확인된 뉴스든 상관없이 한순간에 퍼져 나가고, 그것들 모두는 마치 믿을 만한 뉴스로 여겨집니다. 그렇게 알고리즘이 언론사의 편집 책임자 역할을 대신하게 된다면, 인종차별주의적인 텍스트를 읽고 싶어 하는 사람들에게는 인종차별주의적인 텍스트가 제공됩니다."

결국, 문제는 이런 사실 왜곡에 어떻게 맞서 싸울 수 있는가 하는 점입니다. 비록 진실을 지켜 주는 몇 가지 방법이 있기는 하지만(164쪽 참조), 만병통치약은 아직껏 존재하지 않아요. 아마도 그런 약이 준비되기 전까지는 《디차이트》가 설명하듯, 다음과 같은 말을 명심하는 수밖에 없을 것입니다.

"제아무리 준비가 되어 있어도 일이 터지고 나서야 비로소 깨닫곤 합니다. 그것이 바로 정보전의 가장 무서운 점입니다."

도대체 가짜 뉴스가 뭐야?

4장
언론을 알아야
가짜 뉴스가
보이지!

언론인들은 상당히 비난받고 있어요. 사실 언론인들이 그럴 만한 잘못을 저지르기는 했지요. 이제는 정통 언론인들이 스스로 어떠한 보도 원칙을 세웠는지, 어떤 방식으로 기사를 만들고 편집을 하는지, 또한 어떤 통제 장치를 갖고 있는지, 그리고 이것들이 현실에서 어떤 어려움에 맞닥뜨리는지 등을 살펴볼 때가 된 것 같네요. 자, 이제 언론 세계의 속을 들여다봅시다.

누가 언론의 자유를 말할까?

언론의 자유는 헌법에 쓰여 있습니다. 헌법은 누구도 함부로 뒤흔들 수 없는 한 나라의 근간이죠. 헌법을 일부라도 개정하려면 엄청나게 힘들고 복잡한 과정을 거쳐야만 해요. 헌법에서는 인간의 존엄성 보호, 법 앞의 평등과 차별 금지, 종교의 자유 등 그 사회가 가장 중요하게 여기는 가치들을 밝히고 있습니다.

일반적으로 헌법 조항을 보면 언론의 자유를 지니는 대상이 '모든 국민'이라고 해요. 따라서 자신의 생각을 자유롭게 표현하

대한민국 헌법 제21조

① 모든 국민은 언론 · 출판의 자유와 집회 · 결사의
   자유를 가진다.

② 언론 · 출판에 대한 허가나 검열과 집회 · 결사에 대한
   허가는 인정되지 아니한다.

③ 통신 · 방송의 시설 기준과 신문의 기능을 보장하기
   위하여 필요한 사항은 법률로 정한다.

④ 언론 · 출판은 타인의 명예나 권리 또는 공중도덕이나
   사회윤리를 침해하여서는 아니된다. 언론 · 출판이
   타인의 명예나 권리를 침해한 때에는 피해자는 이에
   대한 피해의 배상을 청구할 수 있다.

고 전달하기 위해 시험을 치르거나 허락을 받거나 신청을 할 필요는 없어요. 즉, 누구나 언론인이 될 수 있는 것입니다.

언론인들이 '위로부터 조종당하고 있다'고 의심하는 사람들은 '위에 있는 사람들'의 명령을 따르지 않으면 언론인 면허증을 뺏긴다고 믿을 테지요. 하지만 언론인에게 애당초 면허증 같은 것은 없어요.

또한 많은 헌법에는 '검열은 인정되지 아니한다.'고 쓰여 있습니다. 검열은 언론과 관련해, 특정 정보를 출판해도 되는지 사전에 심사하여 그 발표를 통제하는 일을 말해요. 이런 검열을 할 수 없다고 헌법에서 밝히고 있는 거죠. 오직 언론인들만이 무엇을 출판하고 무엇을 출판하지 말지 결정하는 것입니다.

물론 나라마다 헌법이 다르고, 일부 나라에서는 언론의 자유가 제한됩니다. 즉, 특정한 주제에 관한 보도, 특정 작가나 언론인이 쓴 글은 완전히 차단되는 거예요. 영국 옥스퍼드대학 교수이자 역사학자인 티모시 가튼 애쉬는 다음과 같이 말했습니다.

"오늘날 중국이나 이란 같은 국가가 벌이는 가장 효과적이고 악의적인 검열은, 법이 아니라 정부 관리의 자의적인 결정에 따릅니다. 따라서 항소할 수 있는 가능성마저 원천적으로 차단되어 있습니다."

이런 나라의 대중매체는 직접적으로 정부의 통제를 받으며 여론에 영향력을 행사합니다. 애쉬는 이를 한마디로 요약했어요.

"민주주의는 자유로운 언론 없이 지속될 수 없고, 독재는 검열 없이는 불가능합니다."

'국경없는기자회'가 2019년에 조사 발표한 '언론 자유 지수'에 따르면 노르웨이가 첫 번째 자리를 차지하고 있고, 독일은 13위에 올라 있습니다. 한국은 41위, 미국은 48위, 러시아는 149위, 이란은 170위, 중국은 177위, 그리고 북한은 목록에 있는 180개 국가 가운데 179위예요.

많은 민주주의 국가의 헌법에서는 언론의 자유도 또 다른 법률에 따라 제한받을 수 있다고 분명하게 밝힙니다. 예를 들어 언론인은 다른 사람에게 해가 될 수도 있는 정보를 함부로 공개해서는 안 되죠. 어느 기자가 '독일의 메르켈 총리는 절도범이다.'라고 보도한다면, 메르켈의 명예는 훼손됩니다. 메르켈은 그 보도가 더 이상 퍼지지 않도록 조치해 달라고 법에 요구할

도대체 가짜 뉴스가 뭐야?

수 있고요. 아울러 명예훼손에 따른 손해배상도 청구할 수 있을 거예요. 결국, 언론사는 거짓 보도로 값비싼 대가를 치러야 하겠죠. 그밖에도 뉴스의 가치를 규정하는 또 다른 판단 기준들이 있습니다.(126쪽 참조)

결론적으로 말하면, 언론인은 그 역할이 헌법에 쓰여 있는 몇 안 되는 직업인 거예요.

언론인은 왜 필요할까?

무언가가 얼마나 중요한지는 '그 무언가가 없다면 어떤 일이 벌어질까?'와 같은 간단한 생각 실험을 통해서 밝혀낼 수 있습니다.

언론인이 존재하지 않는 세상을 상상해 봐요. 어떤 모습일까요? 텔레비전이나 라디오에서 뉴스를 전혀 보고 들을 수 없고, 신문도 없으며, 인터넷에서도 아무런 뉴스 정보를 찾을 수 없을 것입니다. 그렇다면 사람들은 영국의 맨체스터에서 폭탄테러가 일어났다는 사실을 어떻게 알 수 있을까요? 좋아하는 축구팀의

경기 결과는요? 대통령 선거에서 어떤 후보자가 어떤 공약을 내걸었는지는 누가 알려 줄까요? 또 다음 날 날씨는 누가 전해 줄까요? 날씨 정보라면 기상청 웹사이트에 들어가 일일이 조회하거나 전문가에게 직접 전화를 걸어 물어야만 할 것입니다. 너무나 어렵고 번거롭겠죠.

이 세상의 최신 정보를 혼자만의 힘으로 확보하기는 거의 불가능해요. 그렇기 때문에 우리 사회는 정보의 수집과 해석과 가공을 언론인이라는 전문가들에게 맡긴 것입니다. 유권자들이 투표를 통해 국회의원이라는 정치적 대리인을 뽑아 국회로 보내는 것과 마찬가지로 말이죠.

오늘날 정치인들은 특히 SNS를 이용해 유권자들과 직접 소통합니다. SNS 활용이 얼마나 큰 효과를 거두는지 잘 알지요. 한 텔레비전 다큐멘터리 프로그램에서 독일 좌파당 소속의 정치인 사라 바겐크네히트는 페이스북을 통한 유권자와의 만남에 관해 다음과 같이 설명했어요.

"저는 페이스북에서 유권자와 만납니다. 일주일에 100만 명 가까운 유권자를 만난다면, 웬만한 신문에 기사가 나는 것과 맞먹는 효과이지요. 페이스북에서는 어느 누구도 저를 검증하려 하지 않습니다. 누군가가 제게 질문하기만을 기다릴 필요도 없습니다. 대신 제가 옳다고 생각하는 것들을 당당하게 밝힐 수 있습니다."

같은 프로그램에서 극우 정당 '독일을 위한 대안^AfD' 소속의 프라우케 페트리 또한 바겐크네히트와 거의 비슷한 생각을 밝혔습니다.

"소셜미디어는 우리에게 큰 도움을 주었습니다. 우리가 전하는 정치적인 메시지가 시민들에게 고스란히 전달되기 때문입니다."

이들의 말을 통해 우리는 정치인들이 소셜미디어에서 언론인을 피해 갈 수 있는 가능성을 발견했다는 사실을 확인할 수 있습니다. 정치인들은 지지자들과 일대일로 소통하면서 언론인들의 불편한 질문과 마주할 필요가 없어졌어요. 정치인들에게는 더없이 편안하게 느껴질 테지요. 하지만 시민들 입장에서는 결코 바람직한 상황이 아닙니다. 대중들은 세탁기 하나를 살 때도 판매자의 설명뿐만 아니라, 직접적인 이해관계가 없는 제3자의 평가 또한 참고하고 싶어 해요. 정치라는 슈퍼마켓에서도 상황은 마찬가지지요. 정치 상품들을 서로 비교하기 위해 제3자 그

도대체 가짜 뉴스가 뭐야?

러니까 언론의 평가가 필요한 거예요. 따라서 각 정당과 후보자들은 언론의 도전에 맞닥뜨려야만 하는 것입니다.

제4의 권력

많은 민주주의 국가에서는 권력분립제가 활발히 운용되고 있습니다. 어느 한쪽에 지나치게 많은 권력이 집중되는 것을 막으려고 다수의 기관에 힘을 적절히 분산시키는 제도죠. 이들 대부분 헌법에서는 권력을 입법부, 사법부, 행정부로 나눈다고 밝히고 있습니다.

이 세 가지 권력을 살펴보죠. 먼저 입법부는 법률을 만드는 기관입니다. 나라마다 국회 또는 의회라고 불려요. 행정부는 국가를 통치하는 기관으로, 정책을 실행해요. 사법부는 법을 책임지고 집행하죠. 오직 법에 따라 심판할 수 있도록 독립된 지위가 보장되고요. 국회 또는 의회가 헌법에 위배되는 법안을 결의하면, 최고 재판 기관인 헌법재판소는 그 법안을 무효화시키죠.

그런데 이 세 가지 권력 외에도 일종의 신속 대응 팀으로 비유할 수 있는 또 하나의 권력이 움직입니다. 바로 언론이에요. 헌법 어디서도 찾을 수 없지만, 언론은 종종 '제4의 권력'이라고 불리곤 해요. 수많은 사람의 관심이 특정 주제로 향하도록 이끌고, 그렇게 문제들을 속속들이 밝혀낼 수 있기 때문이에요. 언론인들은 처음에는 대부분 혼자서나 기껏해야 몇몇 동료들과 함께 관심있는 사건을 조사하기 시작합니다. 이윽고 그 사건을 다룬 기사가 주요 신문에 올라오거나 텔레비전 뉴스에서 다뤄지면, 마치 거대한 메가폰에다 대고 소리치는 것과 같은 효과를 얻지요. 수많은 신문 독자와 텔레비전 시청자가 보고 듣게 되기 때문이에요.

그렇기 때문에 이름이 널리 알려진 사람들은 언론인과 접촉하기를 대부분 꺼립니다. 언론인과 인터뷰를 하다가 무심코 비밀을 내뱉거나 말실수라도 하게 되면 언론인은 그 내용을 기사로 쓰게 되고, 그러면 온 세상 사람들이 그 사실을 알게 되기 때문이죠.
어떤 음식물에 유해한 성분이 포함되었다거나 어떤 학교에 학생들을 위한 화장실이 제대로

도대체 가짜 뉴스가 뭐야?

갖춰 있지 않다는 사실 등, 누군가가 애써 감추려 하는 사실들을 밝혀내는 일은 사회 전체를 위해 아주 중요하고도 꼭 필요합니다. 언론인들이 다루는 사건에는 범죄만 있는 것은 아니에요. 때로는 도덕적으로 문제가 되는 사건들도 포함되지요. 예를 들어 어떤 정치인의 거짓말이 드러났거나, 어느 경영인이 직원들한테는 최저임금을 주면서 자신은 수천 배 넘는 돈을 버는 게 아무 문제도 없다고 말했다고 해 봐요. 이런 사건들은 법으로 해결할 수 있는 문제가 아닙니다. 거짓말이나 탐욕이 범죄행위는 아니니까요. 하지만 분명한 것은 그런 일들을 사회 구성원 모두가 알고 있어야만 한다는 사실이죠. 특히나 선거와 관련이 있다면 이런 정보들은 아주 중요한 의미를 지녀요.

하지만 언론인들도 어찌할 수 없는 것이 있습니다. 바로 드러난 문제점을 고치는 일이죠. 언론인들은 단지 문제점을 밝혀내고, 사람들의 관심이 계속해서 그리로 향하도록 유도할 뿐이에요. 나아가 책임자에게 문제점을 해결해야 한다는 압박을 가할 수 있을 뿐이죠.

언론의 실체

'언론'이라는 말은 우리 사회에서 자주 들을 수 있습니다. 예를 들어 '언론은 그 일에 관심이 없다.'거나 '언론은 그 사건을 간략히 보도했다.' 같은 문장들로 말이죠. 그런데 언론은 대체 누구일까요? 이 질문은 언론인들을 한데 싸잡아 일반화시키려는 시도일 거예요. 언론인 또한 다른 사람들과 마찬가지로 개인일 뿐입니다. 언론인 중에도 당연히 원칙을 무시하고 제멋대로 행동하는 이단아가 있기 마련이죠. 티모시 가튼 애쉬 교수는 언론인에 대해 다음과 같이 설명했습니다.

"언론인은 명백한 범죄자에서부터 영웅적 인물에 이르기까지 아주 다양합니다. 혐오스러운 짓을 하는 혐오스러운 언론인 또한 언론인입니다."

그렇다고 해도 맡은 직무를 성실하고 진지하게 해내는 언론인들을 보자면, 한 가지 공통점을 확인하게 됩니다. 언론인들모두는 전문적인 세계 해석자라는 사실이에요. 언론인들의 호기심은 자신에게 그리고 다른 사람에게 질문을 던지고, 우리가 살고 있는 세상에 대해 더 많은 것을 알아내도록 독려합니다.

그런 다음에는 자신들이 밝혀낸 것에 관심이 있는 사람들이 그 사실을 공유하게끔 해 주지요. 단지 극소수의 언론인들을 제외한다면, 대부분의 언론인은 부자가 되거나 유명해지기 위해서가 아니라, 확신에 가득 찬 신념 때문에 맡은 직무를 수행합니다. 그러므로 언론을 말할 때면 대부분 언론인 개개인이 아니라, 그들 모두를 통틀어 지칭하는 거예요.

방송, 신문, 잡지, 웹사이트 등 언론인들이 만드는 결과물은 '일반적인 관심사'와 '특수 관심사'로 나뉩니다. '일반적인 관심사'를 다루는 언론사는 정치, 경제, 스포츠, 문화, 학술과 화젯거리 등 세상 사람들이 관심을 가질 만한 모든 것에 관해 보도하지요. '특수 관심사'를 다루는 곳은 예를 들어 축구 잡지나 패션 잡지처럼 특별한 한 가지 분야에 집중해요. 제4의 권력으로서 언론인의 임무는 무엇보다도 '일반적인 관심사'에 집중됩니다. 모든 대규모 언론사는 오늘날 애플리케이션, 웹사이트, 뉴스레터, 페이스북, 트위터, 유튜브, 심지어는 각종 메신저와 같은 다양한 채널을 통해 뉴스를 전달해요. 인쇄매체, 온라인, 소셜미디어 분야에서 서로 독자적으로 활동하죠. 이들 대부분은 신문, 잡지, 그리고 텔레비전방송 등에 그 근원을 두고 있습니다.

도대체 가짜 뉴스가 뭐야?

대다수 언론들은 객관적으로 보도하기 위해 저마다 최선을 다합니다. 물론 세계 어느 곳이나 똑같은 상황은 아니에요. 몇몇 나라에서는 언론들이 종종 거리낌 없이 특정 정치 진영의 편을 들기도 하지요. 예를 들어 노르웨이, 스웨덴, 덴마크에서는 대부분의 신문들이 특정 정당과 연합 관계를 맺고 있습니다. 이런 시스템에서는 새로운 언론사가 만들어지기 어려우며, 언론 지형이 극단적으로 나뉜다는 단점이 있어요.

언론인들의 다양한 취재 방식

취재란 '작품이나 기사에 필요한 재료를 조사하여 얻는 행위'를 말합니다. 따라서 언론인의 취재는, 정보를 단순히 받아서 전하는 게 아니라 그 진상을 파고들어 바로 밝히는 것을 뜻하지요.

디지털화된 오늘날에는(42쪽 참조) 누구나 인터넷 접속을 통해 필요한 정보를 직접 구할 수 있습니다. 그런데도 언론은 시간이 충분하지 않거나 기초 지식이 부족한 사람들을 위해 정보를 제공해요. 즉, 일반인들을 대신해 정보의 바다에서 가장 중요한 것들을 가려 검증하고 정리해 제공하는 거예요. 수많은 거짓 정보들이 어지럽게 날뛰는 세상에서는 빈틈없는 취재가 그만큼 더 중요하지요. 이런 맥락에서 독일 언론인 빌리 키니히카이트는 주저 없이 선언했습니다.

"취재가 기사 작성보다 더욱 중요합니다."

언론사는 어디에서 필요한 정보를 얻을까요? 기자들은 세상에서 어떤 일이 벌어지고 있는지를 일반인들보다 훨씬 더 일찍 알게 됩니다. 대부분 '통신사'의 도움을 받아요. 뉴스 취재에 필요한 경비는 너무 비싸서, 언론사들이 모두 세계 곳곳에 통신원이나 특파원을 파견할 수는 없거든요. 그래서 통신사들이 전 세계에 걸쳐 통신원 네트워크를 형성하고 있는 거예요. 통신원들은 세계 곳곳에서 정보와 뉴스를 통신사에 보내고, 통신사는 이를 다른 언론사에 제공하죠. 대표적인 통신사로는 미국연합통신[AP], 프랑스 통신사[AFP], 영국의 로이터통신[Reuters], 독일의 dpa, 미국의 국제합동통신[UPI], 한국의 연합뉴스 등이 있습니다.

테러가 발생했다거나 유명 인사가 사망했을 때처럼 시간을 다투는 뉴스일 경우, 여러 언론사가 한 통신사에서 보내온 뉴스 정보를 그대로 내보내기도 합니다. 그 뉴스 뒤에 통신사가 숨어 있다는 사실을 알지 못하거나, 통신사 표시를 못 본 사람들은 어떻게 여러 언론사가 글자 하나 다르지 않은 똑같은 뉴스를 동시에 내보내는지 의아해할 수도 있어요. 언론사 편집부가 통신사의 도움을 받아 일하는 과정을 정확히 안다면 물론 그러지 않겠지요. 하지만 그 배경을 이해하지 못하는 사람들은 언론사들끼리 사전에 서로 입을 맞췄다거나, 아니면 서로 기사를 베끼는지도 모른다고 의심하곤 합니다.

통신사에서 보내 주는 정보가 기자들이 뉴스거리를 확보하는 유일한 자료는 아닙니다.

기자들은 정치인, 경영인, 학술 전문가, 스포츠맨, 예술가, 그리고 일반인 등 아주 다양한 사람들과 만남을 가져요. 이 취재원들에게서 새로운 소식을 전해 듣지요. 행운이 따른 어떤 기자들은 아직껏 접하지 못한 뉴스 자료를 얻어 내기도 합니다. 이런 경우를 언론계에서는 흔히 '특종'이라고 불러요.

물론 기자들은 취재원에게 이용당하지 않도록 주의해야만 합니다. 기자에게 뉴스거리를 제공하는 사람이라면 대부분 그 과정에서 이득을 취하려 하기 때문이죠. 그렇기 때문에 기자들은 취재원들에게서 얻은 정보의 내막을 늘 꼼꼼하게 살펴야 해요.

'내가 얻은 이 정보는 정말로 정확할까?' '취재원은 이 정보에 대해 정말로 잘 알고 있을까?' '내가 얻은 정보가 맞는지 확인할 수 있는 다른 자료가 있을까?'

이런 의문점들이 해결된 뒤에도 계속해서 또 다른 점들을 신중히 살펴보아야 합니다.

'저 사람은 왜 내게 이런 제보를 할까?', '이 제보로 취재원이 얻을 수 있는 이득이 뭘까?', '내가 이 뉴스를 공개한다면 어떤 일이 벌어질까?', '취재원은 뉴스가 공개되면 어떤 일이 벌어질지 알고 있을까?'

제보하는 사람들 모두가 존중할 만한 목적을 가진 것은 아니에요. 많은 취재원이 원수 같은 누군가를 골탕 먹이거나 앙갚음하거나 명예를 훼손시키려 일부러 제보를 하지요. 또 어떤 취재원들은 난처한 상황에서 빠져나오려고 제보를 해요. 취재원과 제보 내용이 관련 없을수록, 취재원은 제보하는 이유를 훨씬 더 솔직하게 털어놓습니다. 그래서 기자들은 취재원과 관련이 적어 보일수록 제보가 믿을 만하다고 판단하지요.

취재원과 그가 제공하는 정보가 조금이라도 의심스럽다면, 기자는 그 정보를 차라리 공개하지 않는 편이 좋을 것입니다.

존경받던 기자가 어느 날 갑자기 사람들의 웃음거리로 전락하고 만 유명한 사례들이 여럿 있지요. 취재원을 무턱대고 믿으려 했기 때문입니다. 왜냐고요? 취재원이 들려준 이야기가 믿기 어려울 만큼 대단하게 보였기 때문이죠. 그런 사례로 '아돌프 히틀러 일기장' 사건이 있습니다.

1983년, 독일 시사 주간지 《슈테른》은 '히틀러의 일기'라는 머리기사를 실었습니다. 히틀러의 일기를 발견했다면서 그 내용을 보도한 거예요. 하지만 얼마 지나지 않아 그 일기장은 조작된 가짜라는 사실이 밝혀졌죠. 일기장이 진품이 아니라는 사실 정도는 《슈테른》의 기자들 정도면 그리 어렵지 않게 눈치챌 수 있었을 것입니다. 하지만 그들은 일기장이 가짜란 것을 알려 주는 다른 모든 참고 자료들을 외면했어요. 엄청난 특종기사를 터뜨릴 거란 달콤한 생각에만 사로잡혀 있었기 때문이죠.

영화나 소설에서 비밀리에 하는 취재 활동을 흔히 볼 수 있죠. 그런데 이는 결코 일반적인 경우가 아닙니다. 원하는 정보에 접근할 수 있는 다른 방법이 전혀 없는 아주 특수한 예외 상황에서만, 그리고 그 대가가 정당한 경우에만, 기자들은 비밀리에 취재를 진행해요. 기자라는 신분을 밝히지 않고 취재원을 상대로 이런저런 질문을 던지는 거죠. 그런 상황에서는 종종 마이크나 카메라를 몰래 감춰 동원하기도 하죠.

모든 기자가 이렇게 비밀스러운 취재 활동을 하는 것은 아니에요. 그보다는 독자나 청취자나 시청자들에게 의미가 있을 만한 정보들을 골라 이해하기 쉽고 생생하게 전달하는 것이 기자에게는 훨씬 더 중요하지요.

가치 있는 뉴스란?

모든 정보가 다 뉴스로 다룰 만한 가치를 지닌 것은 아닙니다. 아무개 씨가 오늘 점심에 무엇을 먹었는지는 정보이기는 하지만 결코 뉴스는 아니지요. 그렇다면 기자들은 무엇을 뉴스로 다루거나 다루지 말아야 할지 어떻게 결정할까요? 뉴스의 가치를 결정하는 몇 가지 판단 기준이 있어요. 커뮤니케이션 학자인 클라우디아 마스트가 말하듯, "뭔가 예기치 못한 일, 기이한 일, 깜짝 놀랄 만한 일이 일어났다면" 일단 뉴스의 가치를 지니지요. 기자들은 뉴스 가치와 관련해 다음과 같은 식으로 질문을 던집니다.

'개가 사람을 물었나?'

그런 일은 세계적으로 너무나 자주 일어나고, 그렇다면 결코 기이한 일이 아닙니다.

'사람이 개를 물었나?'

이는 아주 드물게 일어나는 일이고, 그렇다면 한 번쯤 주목할 만한 가치가 있지요.

예를 들어, '세계 최초, 달 착륙 인간!' 같은 사건은 충분한 뉴스 가치를 갖고 있습니다. 국회의원 선거라든지, 자연재해나 대참사처럼 많은 사람이 관련된 일들도 마찬가지죠.

사람들이 주로 어떤 것에 관심을 갖는지도 뉴스로서의 가치를 결정하는 데 중요한 역할을 해요. 대중들의 관심에 영향을 끼치는 '뉴스 가치'의 요소로는 크게 다음의 네 가지가 있습니다.

1. 근접성 : 사건이 일어난 장소가 가까울수록 사람들은 더 관심을 갖습니다. 어느 낯선 도시의 도로가 차단되었다는 정보는 아무 관련도 없는 사람에게는 별다른 관심을 불러일으키지 못할 거예요. 하지만 그 도로가 바로 자기 집 앞 도로라면 상황은 전혀 다르지요.

2. 저명성 : 사선의 당사자가 유명한 사람일수록 더 많은 관심을 기울입니다. 사람들은 영국 왕세자의 결혼식 장면을 텔레비전으로 시청하려고 해요. 하지만 이름 모를 누군가의 결혼식이라면 그러지 않을 테죠.

3. 시의성 : 독자나 시청자나 청취자는 특정 사건들을 가능한 한 빨리 듣고 싶어 합니다. 태풍경보 같은 경우, 미리미리 정보를 얻기 원하죠. 그럴 수 없다면, 태풍 직후의 일이라도 빨리 알고자 해요.

4. 흥미성 : 감동적이거나 호기심을 자아내는 감성적인 이야기에 끌려 합니다. 예를 들어 아주 오랫동안 헤어져 있다 마침내 다시 만난 어느 가족의 이야기나, 중병에 걸려 고생하다 완치된 누군가의 이야기가 바로 그 경우죠.

도대체 가짜 뉴스가 뭐야?

근접성, 저명성, 시사성 요소를 갖춘 정보성 뉴스를 '하드 뉴스hard news'라고 부르고, 흥미성이나 오락성을 지닌 뉴스를 '소프트 뉴스soft news'라고 합니다. 현실에서는 이 둘이 확실하게 분리되어 있기보다는 한데 뒤섞인 채 나타나요.

결국 어떤 주제를 다룰지 말지 결정하는 것은 언제나 언론사 편집부의 몫이죠. 어느 정도의 중요도로 보도해야 할지도요. 그리고 그 과정에서 언론사마다의 전통이나 특성이 중요한 역할을 합니다. 속보로 내보낼까? 신문의 1면에 실을까? 첫 번째 뉴스로 보도할까? 기사 양을 30줄로 제한할까, 300줄로 늘릴까? 3분짜리 주요 뉴스로 다룰까, 아니면 주요 뉴스가 끝난 뒤 별도 코너에서 다룰까? 기자들은 이미 설명한 '뉴스 가치'의 요소들에 근거해 결정을 내려야만 합니다.

지금까지 살펴본 바에 따르면, 위와 같은 방식으로 생겨난 뉴스는 이런저런 사람들의 일상과는 거의 관계가 없지요. 클라우디아 마스트는 설명했습니다.

"뉴스에는 정상적인 것보다는 벗어난 것, 기존의 것보다는 새로운 것, 해결책보다는 문제점들이 담겨 있습니다."

언론인들이 스스로 세운 원칙

언론인이 스스로에게 다짐하는 원칙들이 있습니다. 이들 원칙은 비록 법으로 규정된 것은 아니지만, 언론계에서는 자체적으로 전해 오고 또 지켜야만 하는 것으로 여기는 것들이죠.

언론 단체와 기관, 언론사에서는 '언론 윤리 강령'을 만들어 시행합니다. 국가별 매체별로 다양한 특성이 반영되며 만들어져 왔지만, 그 핵심 내용은 크게 다르지 않아요.

언론 윤리 강령에서 말하는 '공정 보도'는 가짜 뉴스와 관련해 아주 중요한 의미를 갖습니다. 언론인은 뉴스를 보도하기 전에 보도하려는 내용이 사실인지, 취재원이 믿을 만한지 등을 확인할 의무를 갖지요. 절대적인 진실이 존재하는지는 답하기 결코 쉽지 않아요.(153쪽 참조) 하지만 언론인이라면 누구나 진상을 가능한 한 객관적으로 설명하려고 최선을 다해야 합니다. 의

🎤 한국기자협회 윤리 강령

• 언론 자유 수호 •
어떤 부당한 간섭이나 압력도
단호히 배격한다.

• 공정 보도 •
정확한 정보만을 취사선택하며
엄정한 객관성을 유지한다.

• 품위 유지 •
부당이득을 취하지 않으며
사적인 특혜나 편의를 거절한다.

• 정당한 정보 수집 •
항상 정당한 방법으로 정보를 취득하며
기록과 자료를 조작하지 않는다.

• 올바른 정보 사용 •
취재 활동 중에 얻은 정보를
보도의 목적에만 사용한다.

• 사생활 보호 •
사실무근한 정보를 보도하지 않으며
보도 대상의 사생활을 보호한다.

• 취재원 보호 •
어떠한 경우에도
취재원을 보호한다.

• 오보의 정정 •
잘못된 보도에 대해서는 솔직하게
시인하고, 신속하게 바로잡는다.

• 갈등 차별 조장 금지 •
지역·계층·종교·성·집단 간의
갈등을 유발하거나,
차별을 조장하지 않는다.

• 광고 판매 활동의 제한 •
소속 회사의 판매 및 광고 문제와 관련,
기자로서의 품위를 손상하는 행동을
하지 않는다.

출처 : 한국기자협회 웹사이트

도적으로든 아니면 부주의로 인해서든 잘못된 보도를 하게 되면, 명예훼손이나 비방 및 무고 혐의로 고소당할 수 있어요.

언론 윤리 강령 외에도, 세계적으로 모든 언론인이 동의하는 다양한 경험 법칙들이 있어요. 가장 대표적인 것은 다음과 같습니다.

첫 번째가 되어라! 하지만 그보다 먼저 정확해야 한다!

누구보다 먼저 뉴스를 보도하는 것도 중요하지만, 보도하려는 내용이 정확한 사실인지부터 확인해야 한다는 뜻입니다. 최초로 어떤 뉴스를 보도할 수 있다면, 언론인은 자신이 맡은 일을 훌륭하게 해낸 거예요. 그런데 어떤 경우에도 일등 보도를 위해서 잘못된 길로 들어서서는 안 되지요. 이 원칙은 대형 사고나 재해, 테러처럼 폭발적인 관심을 불러일으키는 뉴스라면 더더욱 중요하지요.

또 다른 경험 법칙은 복수의 취재원에게 사실을 확인해야 한다! 예요. 뉴스를 보도하기 전에 둘 이상의 취재원에게서 사실을 확인해야 한다는 거죠. 단, 뉴스 자료를 통신사나 공적인 기관에서 받는 등의 몇 예외 상황을 빼고요. 이 원칙은 지키기 쉽지 않을 때가 많습니다. 보도할 내용이 뉴스로 공식 발표되기도 전에 소셜미디어를 통해 널리 퍼질 때가 있거든요. 또 아주 드물기는 하지만, 언론인들이 믿어 의심치 않는 단 한 명의 취재원을 확보하고 있는 경우도 그렇죠. 그러면 언론인들은 상황 자체를 뉴스로 만들어 냅니다. 2017년 6월 16일, 전 독일 총리 헬무트 콜이 사망했을 때를 예로 들 수 있어요. 《빌트》는 콜 전 총리가 사망했다는 사실을 제일 먼저 보도했습니다. 《빌트》의 편집장이었던 카이 디크만이 콜 전 총리 부부와 오랜 친구 사이였기 때문에 가능했죠. 따라서 다른 언론사들은 콜 전 총리가 사망했다는 소식이 틀림없는 사실이라고 믿을 수밖에 없었어요. 그럼에도 불구하고 많은 언론사는 '헬무트 콜 전 총리가 서거했다.'고 직접화법으로 보도하는 대신, "《빌트》에 따르면 헬무트 콜 전 총리가 서거했다고 한다."고 간접화법으로 전달했습니다. 사망 소식을 보도할 때는 특히나 '첫 번째가 되어라! 하지만 그보다 먼저 정확해야 한다!' 하는 법칙이 중요하기 때문이죠.

취재원과 대화할 때 국제적으로 통용되는 조건이 있어요. 바로 온더레코드 ^{on the record} 와 오프더레코드 ^{off the record} 두 가지죠. 온더레코드는 취재원이 언론인에게 정보를 제공하며 기록하거나 보도해도 괜찮다고 밝히는 내용을 말합니다. 이때 대화는 공식적인 것으로, 말 그대로 인용되지요. 반면에 오프더레코드는 기록하거나 보도하지 않는다는 조건을 단 내용을 뜻해요. 이때 대화는 은밀하고 비공식적인 것으로, 어떤 사건의 숨겨진 내막을 알아내는 데 도움이 되지요. 만약 어떤 언론인이 오프더레코드라는 약속을 깨고 대화 내용을 공개한다면, 그 언론인은 어느 누구한테도 더는 신뢰받지 못할 것입니다. 나아가 그가 속한 언론사의 명성 또한 커다란 상처를 입을 거예요.

또 언급할 경험 법칙은 언론인의 영향력과 관계됩니다. 전통적으로 언론인은 정치·사회 운동가와 구분되어요. 언론은 중립적인 입장에서 정보를 전달해야 하지요. 아무리 선한 의도라도 말이에요. 물론 논평이나 사설을 통해서는 논거에 기반한 의견을 표현할 수 있어요. 편파적으로 보도해서는 안 되지만요.

많은 언론인은 이처럼 중립적으로 정보를 전달해야 한다고 생각합니다. 그런데 모두가 그런 건 아니에요. 앞에서 살폈던

《빌트》의 '난민 환영' 보도로 예를 들어 볼까요? 다른 많은 언론사에게 '난민 환영'은 전혀 보도할 뉴스가 아니었을 거예요. 사람들이 난민 문제와 관련된 자신들의 보도를 더 이상 신뢰하지 않게 될까 봐 걱정됐으니까요. 하지만 《빌트》는 1면에 커다랗게 난민을 환영하는 장면을 보도했죠. 당시 《빌트》의 편집장이었던 카이 디크만은 '언론인은 투쟁하는 대신 더 나은 보도를 위해 힘써야 하는 것 아닌가?'라는 문제와 관련해 다음과 같이 언급했습니다.

"언론인은 좋은 일로라도 자신의 본분을 훼손해서는 안 된다.'는 주장이 늘 옳지 않다고 생각해 왔습니다."

《디차이트》의 편집장 조반니 디로렌초는 의견이 달랐어요.

"저는 동료 언론인들에게 적극적으로 권합니다. 언론인은 운동가가 되어서는 안 됩니다. 그 대신, 비판적인 동반자가 되어야 합니다."

언론인이 어느 개인이나 단체에 관해서 이제까지 알려지지 않았던 사실을 보도하려 할 때면, 그 전에 당사자에게 입장을 밝힐 기회를 주어야 합니다. 때때로 언론인들은 보도가 나가기

직전에서야 이런 기회를 주기도 해요. 보도 대상자가 관련 증거를 폐기 처분하거나 취재원에게 압력을 가하는 등 취재를 방해하지 못하도록 하려고요. 그래도 보도 대상자에게 설명할 기회를 주는 게 원칙이기에, 대부분의 보도에서는 보도 대상자의 입장을 들을 수 있어요. '입장을 밝힐 준비가 안 되었다.'라는 말을 듣는 경우도 있지요. 이는 언론이 개인이나 단체에게 입장을 밝힐 기회를 주었지만, 그들이 그렇게 하지 않은 거예요.

보도가 나간 뒤, 당사자는 반론을 펴거나 정정 보도를 요구할 수 있습니다. 이런 권리는 개인적인 의견이라고 밝힌 논평이나 사설에는 적용되지 않아요. 미디어법 학자인 악셀 뵈스너는 이와 관련해 다음과 같이 설명했어요.

"가령 어느 언론인이 '26세의 라디오 방송 진행자가 상당히 나이 들어 보인다'고 주장했다 합시다. 그 진행자는 반론을 통해 자신의 나이를 고쳐 말할 수는 있을 것입니다. 하지만 '나이 들어 보인다'는 가치판단에 대해서만큼은 반론을 통해서도 어찌할 수 없습니다."

도대체 가짜 뉴스가 뭐야?

그밖에도 언론계에는 더 많은, 그리고 아주 세세한 규정들이 있습니다. 이를 설명하자면 또 한 권의 책을 써야만 할 정도라서, 이 자리에서 밝히기에는 적절하지 않아요. 이 책에서는 대부분의 언론인이 스스로 세운 원칙들을 지키며 맡은 일을 매우 신중하게 해내고 있다는 사실을 밝히는 데 만족하고자 합니다. 언론인들은 대부분 이러한 윤리적 원칙들이 습관적으로 몸에 배어 있어요. 원칙을 어겨서 자신과 언론의 명예를 떨어뜨리는 짓 따위는 하지 않을 테고요. 언론인들에게는 흠잡을 데 없는 명성이 가장 중요합니다. 명성이야말로 독자와 시청자와 청취자가 언론인에 대해 갖고 있는 신뢰의 근원이기 때문이에요.

언론사 편집부의 실상

이상적인 세계에서라면 모든 사람이 법을 지키고, 늘 양보하고 타협하며 살아갈 거예요. 하지만 우리가 살고 있는 곳은 이상 세계가 아니죠. 같은 일에 대해서도 다양한 의견이 있는 세상에서 완벽하지 못한 동료 인간들과 어울려 살아가요.

언론계도 마찬가지예요. 앞서 얘기했던 규칙들과 언론 윤리 강령의 원칙들은 존중할 만하지요. 하지만 현실에서는 때때로 보도 규칙이 보도에 따른 이익과 충돌하기도 해요. 언론인들은 각 사건들 앞에서 다양한 보도 규칙과 보도에 따른 이익을 두고 신중히 저울질합니다. 마감 시간이라는 압박에 쫓기면서 말이죠.

대체 무슨 일이 일어났는지 불분명한 상황이 발생하면, 언론계에서는 이를 가리켜 군대나 경찰에서처럼 '사태' 내지 '비상사태'라고 부릅니다. 그럴 때 편집부에서는 역할을 분담해요. 예를 들어 누군가는 경찰과의 연락을 담당하고, 누군가는 트위터와 페이스북을 예의 주시하며, 누군가는 현장으로 달려가고, 누군가는 혹시라도 그 상황에 대해 더 많은 것을 파악하고 있을지도 모르는 관련기관에 전화를 거는 식으로요. 그렇게 해서 보도 원칙들을 지키며 확인된 사실만 하나씩 하나씩 보도하죠.

사법 전문기자인 아네테 라멜스베르거는 《쥐트도이체차이퉁》의 독자들을 위해 이런 상황을 2016년 뮌헨에서 발생했던 총기 난사 사건을 예로 들어 설명했습니다.

도대체 가짜 뉴스가 뭐야?

"당장 편집부는 무엇을 보도하고 무엇을 보도하지 말아야 할지 결정해야 했습니다. 신문사 편집부는 적어도 몇 시간쯤은 미심쩍은 부분들을 취재할 여유가 있습니다. 반면에 온라인 편집부는 무엇을 공개할지 즉시 결정해야 합니다. 그 결정은 시민들에게 위험을 경고하고 인명을 보호한다는 선의의 목적과, 어쩌면 또 다른 광란 사태를 부채질할지도 모른다는 우려 사이에서 어느 한쪽의 손을 들어 주는 일입니다. 결국 《쥐트도이체차이퉁》은 확인된 사실이 아니라 일어났을지도 모르는 사건의 형태로 그 사건을 보도하기로 결정했습니다."

이럴 때 언론인들의 가장 큰 어려움은 갖고 있는 정보에 대해 확신할 수 없다는 사실입니다. 정부의 공식 발표가 나오기를 기다려야만 하죠. 그때 한시바삐 사실을 알고 싶어 하고 걱정하며 애를 태우는 독자들의 압력은 언론인들의 마음을 무겁게 해요.

"몇 시간째 서로 반대되는 정보들이 들어오는 경우도 있습니다. 당장 확실한 소식을 듣고 싶어 하는 독자들의 기대와 맞아떨어지지 않는 것입니다. 책임질 수 있을 만한 사실은 몇 초 간격으로 쏟아지는 무질서하고 혼란스러운 정보 덩어리에서 서서히 모습을 드러냅니다. 많은 것은 며칠이 더 지나서야 실상이 밝혀집니다. 《쥐트도이체차이퉁》이 무언가를 숨기려 한다면, 결코 나쁜 의도 때문이 아닙니다. 수사관과 마찬가지로 단지 아는 것이 별로 없을 뿐입니다."

이처럼 급박한 상황에 처한 편집부가 어떤 모습인지, 정확하면서도 신속한 정보를 전달하려고 언론인들이 얼마나 애쓰는지를 일반인들도 아는 것은 무척이나 중요합니다. 언론인들도 나름 최선을 다하지만 엄청난 스트레스 속에서 어쩔 수 없이 실수할 때도 있다는 사실을 공감하고 이해할 수 있기 때문이에요.

무엇을 보도할지 누가 결정할까?

언론인이 보도 결정을 어떻게 내리는지는 매체에 따라 다르지만, 공통된 주요 특성은 다양하고 단계적이라는 점이에요.

국민의 시청료로 주로 운영되는 공영방송은 많은 나라에서 채택하고 있는 제도입니다. 이윤추구보다 공공의 이익을 우선으로 하는 방송이죠. 공영방송은 공공성을 책임지는 최고 의사 결정 기구를 두고 있어요. 여기서 보도 원칙이 제대로 지켜지고 있는지 감독하고 통제하지요. 그밖에도 신문사의 편집국장과 같은 역할을 하는 각 방송사의 사장을 뽑아요.

　신문과 잡지 그리고 인터넷 매체의 경우에는 편집국장이 최종 결정권을 갖습니다. 아울러 편집국장은 편집부의 보도가 문제되는 경우, 법적인 책임까지도 떠맡아요. 하지만 편집국장이 편집부에서 실제로 결정권을 발휘해야 하는 일은 거의 발생하지 않지요. 편집부원들은 대부분 편집부 회의에서 이미 주제 관련 논의를 마무리하기 때문이에요. 이 회의에서 주제를 토론하고, 변경하고, 파기하거나 채택합니다. 그런 다음에야 비로소 실행에 옮겨요. 기사 원고가 작성되면 부서 책임자가 다시 한 번 최종 확인을 합니다.

　편집부는 언론사의 크기나 특성에 따라 기사를 읽고 비평하는 편집부, 글의 맞춤법과 띄어쓰기 등에 집중하는 교열부, 그리고 모든 사실을 일일이 검증하는 조사부 등으로 나뉩니다. 독일의 잡지사인 《슈피겔》은 조사부에서 일하는 기자만 70명에 달해 다른 언론사의 부러움을 사고 있어요.

　이처럼 하나의 기사가 보도되기까지는 여러 단계의 검증과 통제 시스템을 거쳐야만 합니다. 그리고 이들 시스템을 통해 단순한 실수 때문이든 의도적인 거짓말 때문이든 허위 사실이 보도되는 것을 가능한 한 막아 보려 최선을 다하죠.

언론인에게 월급을 주는 사람은?

언론은 어떻게 돈을 벌까요? 우선은 그들이 만들어 낸 결과물, 예를 들어 신문을 팔아 돈을 법니다. 따라서 신문사나 잡지사에게는 정기 구독자가 가장 소중한 고객이죠. 정기 구독자들 덕분에 장기적인 예산을 세울 수 있으니까요.

두 번째로, 신문 판매 수익금보다 더 많은 돈을 벌게 해 주는 수입원은 신문을 펼쳐 드는 순간 한눈에 들어옵니다. 바로 광고죠. 신문에 광고를 싣기 위해서는 많은 돈이 필요해요. 전통적으로 신문사는 전체 수입의 3분의 2가량을 광고를 통해 벌고, 나머지 3분이 1은 판매 수익금으로 벌어요. 그런데 최근 들어 점점 더 많은 고객이 신문 지면보다 인터넷에 광고를 내고 있습니다. 그래서 모든 언론사의 광고 수입은 최근 몇 년 사이 뚜렷하게 줄어들었어요. 특히 인쇄매체는 판매 수입과 광고 수입이 각각 절반으로 줄어들었습니다.

언론사 웹사이트 또한 광고로 수익을 얻습니다. 인터넷 광고는 광고주에게 특히나 매력적으로 다가오죠. 독자들이 인터넷 상에서 마우스로 광고 화면을 클릭하면 곧바로 광고주의 웹사이트로 연결되거든요.

온라인이든 오프라인이든 상관없이 광고에 적용되는 절대 원칙이 있어요. 보는 사람이 많을수록, 즉 광고 효과가 클수록 광고비가 올라간다는 거예요. 비싸진 광고비는 언론사의 업무 환경을 개선시켜 줘서 언론의 질을 더 낫게 해 줘요. 좋은 언론은 다시 더 많은 대중을 끌어모으죠. 광고비가 줄어들면, 이와 반대의 상황에 맞닥뜨릴 거예요. 이제 이렇게 말하는 사람도 있겠죠.

"아! 언론인은 일한 대가로 기업인들한테서 돈을 받는구나!"

맞는 말이에요. 하지만 특정한 보도에는 맞지 않는 말이죠. 광고부와 편집부의 업무는 서로 엄격하게 분리되어야 한다는 원칙이 있기 때문이에요. 광고를 내기로 한 고객은 광고를 정치면, 경제면, 문화면 가운데 어디에 넣을지 직접 선택할 수 있습니다. 하지만 본인의 광고가 실리는 지면에 어떤 기사가 실리는지는 결코 알지 못하지요. 기자도 마찬가지로 자신이 작성한 기

도대체 가짜 뉴스가 뭐야?

사 옆이나 위아래에 어떤 광고가 자리하는지 전혀 알지 못해요. 제작 최종 단계에 이르러서야 비로소 기사와 광고의 구체적인 모습을 볼 수 있기 때문이에요. 이렇다 보니, 광고 바로 몇 쪽 뒤에 그 기업의 열악한 근로 환경을 비판하는 기사가 실릴 수도 있지요. 이런 우연을 보면서, 사람들은 독립적인 언론의 실체를 확인할 수 있을 거예요.

언론사 웹사이트는 얼마 전 새로운 수입원을 찾아냈습니다. 페이월을 도입해 인쇄매체와 마찬가지로 독자들에게서 일한 대가를 받을 수 있게 된 거예요.(50쪽 참조)

라디오와 텔레비전은 이와는 전혀 달라 보입니다. 공영방송사는 주로 수신료로 운영돼요. 국민에게 기본적인 정보서비스를 제공하고 매달 일정한 액수의 수신료를 받지요. 수신료 외에도 광고로 약간의 수입을 올리기도 해요. 방송 광고는 엄격한 규제를 받습니다. 예를 들어, 광고를 내보낼 수 있는 시간에 제한을 두는 식이죠. 독일의 공영방송 ARD는 평일의 경우, 총 20분만 광고를 내보낼 수 있어요.

민영방송사는 수신료 수입이 없어요. 주로 광고로 수입을 올

국영방송, 공영방송, 민영방송 구분

유형	소유 및 운영 주체	주요 재원	목표	사례	
				국내	국외
국영방송	국가	국고세금	국가 홍보, 국가 이익	사회교육방송	중국 CCTV, 북한조선 중앙방송 등
공영방송	공공단체	수신료	공공의 이익	KBS 한국방송공사, EBS 교육방송	영국 BBC, 일본 NHK
민영방송	개인	광고, 가입료, 이용료	이용자 만족	SBS, 지역민방, 케이블TV	미국 CNN, 영국 BskyB

출처 : 방송통신위원회(2004)

한국의 공영방송

KBS 한국방송공사	대한민국의 대표적인 공영방송사. 1947년 국영방송으로 출발한 후 1973년에 한국방송공사로 체제를 정비하여 공영방송의 틀을 갖추었다. 1TV와 제1라디오에는 1994년 10월 이후 광고를 하지 않고 있다.
EBS 교육방송	1990년 KBS로부터 독립하여 개국. 2000년 6월 '한국교육방송공사'라는 공사 체계로 독립하여 본격적으로 공영방송이 시작되었다.
MBC 문화방송	광고 수익으로 경영하는 주식회사 형태의 공영방송사. 소유 및 운영 주체는 '방송문화진흥회'로 공적 기관이지만, 주로 광고 수익으로 운영되므로 엄밀한 의미에서 공영방송으로 규정하기 어렵다. 그러나 사회 통념상 공영방송의 범주로 분류되고 있다.

도대체 가짜 뉴스가 뭐야?

려야 하죠. 그래서 민영방송에서는 공영방송에 비해 훨씬 더 많은 광고를 볼 수 있어요. 민영방송 또한 광고 시간과 관련해 반드시 지켜야 하는 규정이 있습니다.

좋은 언론이란?

"좋은 언론인은 취재한 사건을 마치 눈앞에서 보듯 생생하게 설명하고 명확하게 분석하려 노력합니다. 그렇게 그 사건에 관해 아무것도 모르는 대중들이 좀 더 쉽게 이해하도록 돕습니다."

영국의 역사학자 티모시 가튼 애쉬의 말입니다.

언론은 검열에서 자유로워야 하고, 다양하며, 신뢰할 수 있어야 합니다. 언론인이 갖추어야 할 가장 중요한 자질은 독립성과 의심이에요. 다른 사람을 의심할 뿐만 아니라, 자기 자신 또한 의심해야 하지요. 여기에서 자기 비판적인 자세와 검증하는 능력이 형성됩니다. 또한 언론인은 다루는 대상을 원인과 결과 그리고 그 배경 등으로 나눠 꼼꼼하고도 정확하게 설명해야 하지요.

언론인이라면 객관적인 진실을 보도해야 마땅합니다. 이상적인 바람이기는 하죠. 어떤 사람들은 심지어 불가능하다고까지 말하고요. 그래서 애쉬는 "사실을 끝까지 파고들겠다."고 마음먹을 것을 제안합니다. 애쉬는 계속해서 말했습니다.

"언론인들이 실상을 밝히기 위해 노력한다고 믿는 것과, 믿지 못하는 것 사이에는 엄청난 차이가 있습니다. 나는 이 차이를 민드는 게 '정직'이라고 봅니다."

영국의 탐사보도 기자인 닉 데이비스는 이를 훨씬 더 단순하게 표현했습니다.

"언론인에게 가장 중요한 가치는 정직입니다. 다시 말해 진실을 말하려는 노력이야말로 언론인의 가장 중요한 임무입니다."

시청자와 독자들이 언론인에게서 정직함을 확인할 수 있다면 가장 바람직할 거예요. 언론인의 정직은 대중과 언론 사이에 끈끈한 유대감을 만들죠. 언론인들은 이 신뢰를 훼손시키지 않는 게 중요해요.

'세계 곳곳에는 그저 전쟁, 고난, 박해, 다툼 뿐이군.'

뉴스를 접하는 많은 사람이 이런 생각을 할 것입니다. 독일 공영방송 ZDF의 뉴스 프로그램인 「호이테 저널」의 진행자, 클라우스 클레버는 사람들이 궁금해하는 점을 대신 물었습니다.

"긍정적인 뉴스들은 대체 어디 있는 걸까요?"

이 질문에 이어 그는 콜롬비아에서 정부군과 반군이 평화적으로 타협했다는 긍정적인 뉴스를 전했어요.

클레버가 던진 질문은 언론인들이 주로 부정적인 뉴스들을 보도한다는 사실을 보여 주지요. 언론인들은 특이한 것, 예기치 못한 것, 깜짝 놀랄 만한 것들에 초점을 맞춥니다. 예를 들면, 개가 사람을 물었는지, 아니면 사람이 개를 물었는지를 문제 삼아요. 하지만 가끔은 둘이 서로 사이가 좋은지도 중요하죠. 아무 문제도 없는 것들은 그저 그렇게 무시되고 묻혀 버리는 것이 진짜 문제입니다.

《쥐트도이체차이퉁》의 헤리베르트 프란틀은 뉴스가 스캔들만 밝힐 게 아니라, 어떻게 하면 스캔들 같은 사회의 불공정과 폐해를 뿌리 뽑을 수 있는지 또한 보여 줄 것을 추천합니다. 물론 그 정도로 만족하지 못하는 사람들도 있어요. 좋은 언론이라면 스스로 해결책을 찾아내거나, 적어도 해결 가능성을 보여 주고 토론을 북돋아야 마땅하다고 믿지요.

이런 미디어를 만들려는 몇몇 프로젝트가 있습니다. 흔히 '대안언론'이라고 불리지요. 언론의 새로운 가능성을 보여 주려는 실험적인 시도들이에요. 탐사보도 전문매체인 프랑스의 '메디아파르'와 네덜란드의 '드코레스폰덴트', 독일의 '일상의 관점 Perspective Daily'이 그 예죠. 대중들에게서 자금을 모으는 크라우드펀딩 방식을 통해 만든 '일상의 관점'은 다음과 같이 말했습니다.

"우리는 단지 문제들을 보도하는 것만으로는 만족하지 못합니다. 이 상황들을 개선하기 위해 어떤 도움을 줄 수 있을까? 날마다 스스로에게 묻습니다."

도대체 가짜 뉴스가 뭐야?

5장

가짜 뉴스,
아는 것이 힘이다

우리는 무엇 때문에 '가짜 뉴스'와 씨름해야 할까요? 저마다 자기 생각대로 뉴스를 믿고 말고 결정하면 안 될까요?

물론 누구나 자신의 의견을 말할 수 있습니다. 그런데 사람들은 왜 자꾸 가짜 뉴스가 민주주의를 좀먹는다고 말할까요?

전 미국 대통령 빌 클린턴의 정부 대변인을 맡았던 마이크 맥커리는 가짜 뉴스와 관련해 다음과 같이 말했습니다.

"미국 대통령은 세상에서 가장 큰 영향력을 갖습니다. 어느 누구도 그보다 더 큰 목소리를 내지는 못합니다. 따라서 그가 계속 진실이 아닌 거짓을 퍼뜨린다면, 이는 진실을 허물어뜨리는 것이나 마찬가지일 것입니다."

그렇다면 가짜 뉴스 때문에 진실 자체가 위험해진 걸까요?

'진실'은 하나 아닌가?

진실이라는 주제와 관련해서는 여러 가지 질문이 가능하고, 또한 그보다 더 많은 답이 가능합니다. 진실의 본질이 무엇인지에 대해 관심 있다면, 그에 관한 철학책들을 찾아볼 수 있을 테죠. 그렇지만 이 책에서는 진실을 단 한 가지 관점, 현재 널리 퍼져 있는 가짜 뉴스와 관련해서 살펴보려고 해요.

언론인은 마땅히 객관적이기 위해, 다시 말해 진실을 보도하기 위해 노력해야 합니다. 하지만 절대적인 객관성은 존재하지 않아요. 언론인이든 아니든, 우리는 전하는 것들을 늘 주관적인 인상으로 물들입니다. 살아오면서 어떤 경험들을 했는지에 따라 하나의 대상을 서로 다른 방식으로 바라보는 거예요. 그렇기 때문에 언론인들은 가능한 한 객관적으로 보도하려고 다양한 원칙들을 만들어 낸 것입니다.(130쪽 참조) 그 과정에서 객관성을 유지하도록 도와주는 것이 바로 '사실'이지요. 예를 들면, 어떤 사고에서 목숨을 잃은 사람이 5명인지 6명인지는 개개인의 의견에 따라 달리 말할 수 없는 문제예요. 사망자 수는 누구든 똑같이 명확하게 답할 수 있는 객관적인 사실이지요.

그런데 지금 우리는 사실을 믿지 않고 심지어 부정하려는 사람들과 함께 살고 있어요. '탈진실', '대안적 사실'이 등장한 겁니다. 미국의 트럼프 정부 백악관 선임 고문직을 맡았던 켈리앤

'참'과 '거짓'을 뒤흔들어 놓는 '대안적 사실'

콘웨이가 사용하며 단번에 유명해진 '대안적 사실'을 주장하는 사람들은 애당초 사실이란 존재하지 않는다고 믿지요. 자신들의 주장을 뒷받침할 근거가 없는데도 아랑곳하지 않아요. 그저 또 다른 현실, 다시 말해 '대안적 사실'이라는 그림을 그려 내려 하지요. 이런 문제를 커뮤니케이션 학자인 이레네 네베를라는 다음과 같이 정리했습니다.

"새롭게 맞닥뜨린 어려움은 합리성과 사실성, 그리고 대화 상대에 대한 존중이라는 기본 원칙을 인정하려 하지 않는 사람들과 소통을 해야 한다는 사실입니다."

즉, 우리는 이제 이성과 사실이라는 원칙을 인정하려 하지 않는 사람들과 대화하고 토론해야 하는 거예요.

'대안적 사실'을 끌어들이는 사람은 무엇이 참이고 무엇이 거짓인지에 대한 사람들의 공통된 생각을 뒤흔들어 놓습니다.

러시아 '게라시모프 독트린' 전략의 목표는 혼란을 이끌어 내는 것입니다.(94쪽 참조) 트럼프 정부가 계속 거짓말을 하는 목적 또한 마찬가지예요. 미국의 안보 전문가 로라 갈란트는 말했습니다.

"트럼프는 미국 정치판에 혼란을 부추기고 있습니다."

도대체 가짜 뉴스가 뭐야?

《뉴욕타임스》의 칼럼니스트인 토마스 프리드먼은 다음과 같이 예측했죠.

"트럼프는 우리 언론인들을 자극해 미치게 만들려 합니다. 그리고 어느 날 우리가 정말로 미쳐 버리고 만다면, 그는 자신을 따르는 추종자들에게 이렇게 말할 것입니다. '내가 진작 말했었지요? 저들은 미쳤다고 말입니다.'"

그렇다면 정치인들의 거짓말을 반박하는 것은 아무 소용이 없을까요? 그들이 내뱉는 의심스러운 말들은 정말로 모두 거짓말일까요? 거짓말은 모두 진실의 가장 위험한 적인 걸까요?

진실과 거짓, 그리고 헛소리

앞서 말했듯, 진실을 규정하는 것은 그리 간단한 문제가 아닙니다. 진실은 하나의 선분 위에서 단지 거짓의 반대편으로 가장 멀리 떨어져 있는 지점일 뿐이에요. 그리고 진실과 거짓 사이에는 커다란 회색 지대가 존재합니다.

진실과 거짓 사이 커다란 회색 지대,
여기에 '헛소리'가 있다!

이 회색 지대에 '헛소리'가 있어요. 헛소리는 비하하는 뜻을 더해서 '개소리'라고도 표현할 수 있죠. 미국의 철학자 해리 G. 프랭크퍼트의 『개소리에 대하여』에 따르면 진실을 전하려고 애쓰는 사람이 있고, 다른 한편에는 거짓말쟁이가 있다고 합니다.

"성공적으로 거짓말을 꾸며 내려는 사람은 진실과 반대되는 자신의 주장을 그 진실을 참조해 구성합니다."

즉, 거짓말쟁이는 거짓이 진실처럼 보이게 만들려고 한다는 거예요. 거짓말쟁이도 거짓이 아닌 진실이 존재하고, 진실은 누구나 알아볼 수 있는 힘을 지녔다고 인정해요. 따라서 거짓말을 하려면 진실을 감추거나 흉내 내야 한다는 거죠. 그렇다면 거짓말을 하는 건 무척이나 긴장될 거예요. 세세한 부분까지 주의를 기울여서 말을 짜맞추어야 하고, 이 거짓말을 유지하려면 엄청난 노력이 필요하니까요.

프랭크퍼트는 거짓말에 대해 다음과 같이 정리했습니다.

"거짓말하는 사람은 진실에 반응을 보이고, 최소한 그만큼은 진실을 존중합니다. 진실을 흉내 내려 하기 때문입니다. 또 진실은 더 높은 선이며, 사람들이 더 믿기 쉽다는 사실을 잘 알고 있습니다."

그런데 거짓말쟁이에 대한 이 모든 설명은 '대안적 사실'이나 '탈진실'을 말하는 사람들, 객관성을 유지하려고 애쓴 기사를 '가짜 뉴스'라고 몰아붙이는 사람들한테는 알맞지 않습니다. 그들은 헛소리를 만드니까요. 헛소리꾼은 아무 생각 없이 말하고, 사실 따위에는 아예 신경 쓰지 않으며, 그저 오늘은 이렇게 내일은 저렇게 제멋대로 말할 뿐이에요.

"헛소리꾼은 진실의 편에 서 있지도 않고, 그렇다고 거짓의 편에 서 있는 것도 아닙니다. 정직한 사람이나 거짓말쟁이하고는 달리, 자기주장을 밀고 나가는 데 도움이 된다고 여기는 만큼만 진실을 인정하고 존중합니다."

이 말과 함께 프랭크퍼트는 헛소리를 다음과 같이 정의 내려요.

"진실에 대한 관심에 연결되어 있지 않다는 것, 즉 진짜 사실은 어떤지에 대한 무관심이 바로 헛소리의 본질이라고 봅니다."

헛소리꾼은 자신의 주장을 펼치는 데 거짓말쟁이보다 훨씬 더 자유롭습니다. 거짓말쟁이처럼 신중하고도 분석적으로 행동할 필요가 없으니까요.

도대체 가짜 뉴스가 뭐야?

프랭크퍼트의 생각을 쫓다 보면, 도널드 트럼프를 비롯한 몇몇 인물들이 떠오릅니다. 더불어 앞에서 말했던, 단지 도움이 될 때만 진실을 이용한다는 가짜 뉴스의 사례도 떠오르지요. 그런 의미에서 프랭크퍼트의 다음 말은 중요한 의미를 지녀요.

"헛소리꾼은 진실의 권위를 부인하거나, 거짓말쟁이처럼 진실의 권위에 반항하지 않습니다. 애당초 권위 따위에는 신경도 쓰지 않습니다. 그래서 진실에게는 거짓말보다 헛소리가 더 위험합니다."

해리 G. 프랭크퍼트는 『개소리에 대하여』를 1986년에 발표했습니다. 헛소리라는 문제가 요즘 떠오른 새로운 현상이 아님을 보여 주죠. 그렇지만 이 문제가 오늘날처럼 정치적으로 불붙었던 적은 없었어요. 사람들은 오히려 헛소리를 모르는 체하는 편입니다. 헛소리는 거짓말만큼 나쁘게 느껴지지 않으니까요.

하지만 프랭크퍼트의 저서와 가짜 뉴스의 사례에서 살펴보았듯, 헛소리와 거짓말은 민주주의를 위태롭게 할 수도 있을 만큼 위험합니다. 젊은 인터넷 세대로 구성된 정당, 독일 '해적당' 소속 정치인 마리나 바이스반트는 거짓말과 헛소리에 대해 경고

했습니다. 그러면서 오늘날 트럼프 정부의 거짓말 뒤에는 어떤 시스템이 숨어 있다고 말했어요.

"사람들은 새로운 정보를 이미 알고 있던 지식과 맞춰 보려고 합니다. 새로운 정보가 알고 있던 것과 일치하면, 알고 있던 지식을 강화시켜 줍니다. 하지만 서로 모순되면 인지부조화가 발생합니다. 알고 있던 지식을 새로운 정보에 맞춰 바꿔서라도 이 불편한 상황을 피하고 싶어 하는 것입니다."

바이스반트는 인지부조화를 견뎌 내는 데에는 많은 힘이 들며, 이런 상황은 디지털화에 따른 정보의 과부하로 생겨난다고 덧붙였습니다. 바로 이 과부하가 트럼프가 꾀하는 전략의 일부라는 것입니다.

"당신에게 '하늘은 초록색이다.'라고 말할 때 내 의도는, 단번에 내 말을 믿게 만드는 게 아닙니다. 기회가 될 때마다 하늘은 초록색이라고 주장해, 당신의 힘이 바닥나는 게 내 목표죠. 그래서 마음을 고쳐먹고 이렇게 말하게 하는 것입니다. '그건 당신 생각이지요. 나는 하늘이 파란 것 같습니다. 아마도 하늘의 색을 객관적으로 판단할 수는 없을 것입니다.'"

이쯤 되면 '거짓 정보 유통 전략'은 이미 성공한 거나 마찬가지입니다. 본래 합의하고 있던 사실이 다시 논의의 대상이 되었으니까요. 바이스반트는 계속해서 설명했습니다.

"우리는 본래 명백한 사안을 두고 다툽니다. 끊임없는 모순과 마주하며 힘이 빠지면, 곧이어 명백한 거짓이 생각해 볼 만한 영역으로 슬그머니 기어 들어오고, 그런 다음에는 사실로 자리 잡습니다."

얼마나 많은 사람이 도널드 트럼프 대통령의 취임식에 참석했는가 하는 문제에만 초점이 맞춰질 때, 그저 웃고 넘기면 그만일 걸까요? 바이스반트는 다음과 같이 말했습니다.

"이렇게 되면 좀 더 중요한 주제에 대해서도 쉽사리 거짓말이 나오게 됩니다. 예를 들어 '모든 이슬람교도는 범죄인이다.'처럼 말입니다."

이처럼 토론 문화를 파괴하는 독이 조금씩 조금씩 퍼진다면, 사람들은 어느 순간 모든 정보를 다 의심스러워할 거예요. 그럼 결국 정치적인 여론 형성과 토론 문화의 종말을, 나아가 뉴스의 종말을 불러올 것입니다. 바이스반트는 이를 한마디로 요약했어요.

"낙숫물이 댓돌을 뚫습니다."

그렇지만 인간은 스스로 생각해 아는 힘을 지녔기에, 거짓 정보를 마주했을 때 거짓인지 헛소리인지 꿰뚫어 볼 수 있습니다.

가짜 뉴스와 맞서 싸우는 문제

"아는 것이 힘이다."

독일의 철학자이자 작가인 페터 비에리는 『페터 비에리의 교양 수업』에서 이 유명한 명언을 다시 불러냈습니다. 그러면서 세상에 대해 알면 삶의 방향을 스스로 찾아낼 수 있다고 말했지요.

"지식은 희생자가 되는 것을 막아 줍니다. 세상에 대해 잘 알고 있는 사람은 쉽사리 속아 넘어가지 않고, 누군가가 그를 정치적으로나 경제적으로 이용해 먹으려 할 때 자신을 지킬 수 있습니다."

그렇다면 목표는 '속아 넘어가지 않는 단단한 지식'을 갖추는 것입니다. 어떻게 그럴 수 있을까요?

무엇보다도 스스로 많은 질문을 던져 보아야 합니다. 비에리는 다음과 같은 질문들을 예로 들었어요.

도대체 가짜 뉴스가 뭐야?

"내가 확신하는 것에 대한 증거는 무엇인가? 그것들은 믿을 만한가?"

다른 사람이 한 말일 경우에도 비에리가 제안하듯 꾸민 말과 진짜 내용을 구분하는 것이 도움이 돼요.

"이 말은 정확히 무엇을 의미하는가? 우리는 사실이 그렇다는 걸 어떻게 알 수 있는가? 이런 질문들은 그럴싸하게 꾸민 말, 세뇌시키는 말에 적절히 대처하는 데 도움을 줍니다."

비에리의 질문들은 가짜 뉴스를 가려내는 데도 효과가 있습니다. 개개인이 가짜 뉴스의 희생자가 되는 것을 막아 주지요.

어떻게 하면 효과적으로 거짓과 맞서 싸울 수 있을까요? 이와 관련해 잘 알려진 실험 결과가 있습니다. 한 집단에게 북극곰을 생각해서는 안 된다고 말하면, 그들은 북극곰만을 생각해야 한다고 말한 집단과 거의 차이가 없을 만큼 북극곰에 대해 생각한다는 거예요. 우리는 어느 정도까지만 생각을 조종할 수 있습니다. 가짜 뉴스도 마찬가지죠. 가짜 뉴스를 접하면 그 내용을 대충 머릿속에 저장합니다. 그 정보가 거짓이라는 사실은 금세 희미해지지요. 이 같은 현상을 조사한 독일의 학술 전문기자 제바스티안 헤르만은 다음과 같이 풀어 설명했어요.

"한 번쯤 듣거나 읽은 적이 있는 것 같다는 막연한 느낌이 남아 있어서 어떤 이야기가 친숙하게 느껴진다면, 단지 그 느낌만으로도 진실이라는 착각이 생겨납니다."

헤르만에 따르면, 어떤 이야기가 사실이 아니라고 들었을 때 사람들은 머릿속에 틈을 남겨 놓습니다. 이 빈틈이 다른 새로운 정보들로 채워져야 그 거짓말이 기억에 남지 않아요. 거짓말이 다른 이야기로 덧써지게끔 '새로운 이야기'를 제공하는 것이 중요하지요. '새로운 이야기'의 구체적인 예로는 가짜 뉴스의 배경과 동기 그리고 처음 그 가짜 뉴스를 말한 사람에 관한 설명 등을 들 수 있습니다.

좀 더 창의적으로 대처할 수도 있을 거예요. 헤르만은 도널드 트럼프의 거짓말에 대한 스웨덴 시민들의 대응을 좋은 예로 들었어요. 도널드 트럼프는 2017년 2월에 연설에서 갑자기 "지난 밤에 스웨덴에서 일어난 일을 봐라!"라면서 스웨덴이 많은 난민을 받아들여서 문제들이 생겼다고 주장했어요. 스웨덴의 친난민 정책을 비판하기 위해서였죠. 그런데 그 전날 밤 스웨덴에서는 아무 일도 일어나지 않았죠. 스웨덴 시민들은 가만있지 않았

도대체 가짜 뉴스가 뭐야?

#스웨덴의 어젯밤

어요.

"스웨덴 사람들은 트럼프의 말을 거짓말이라고 하는 대신, '스톡홀름에서 경찰이 만취한 운전자를 추적해 체포했다.' '뮤직 페스티벌 무대에 오른 87세의 싱어송라이터 오베 퇴른키스트는 기술적인 문제로 큰 어려움을 겪었다.' '라플란트에서는 눈사태로 주요도로가 차단되었다.' 등등, 그날 밤 실제로 일어났던 이야기들로 인터넷을 도배해 버렸습니다."

이런 '새로운 이야기'들은 '#스웨덴의 어젯밤#LastNightinSweden' 해시태그를 타고 순식간에 전 세계로 퍼져 나갔습니다. 그 과정에서 스웨덴 사람들은 트럼프가 했던 말을 옮기지 않았어요. 이제 사람들의 머릿속에는 '스웨덴의 어젯밤'이라는 해시태그와 관련해 단지 평범하고 일상적인 장면들만이 남게 되었지요. 이러한 인상이 도널드 트럼프가 유도했던 '스웨덴에서 뭔가 끔찍한 일이 일어난 것 같다.'는 인상을 덮어 버릴 수 있었던 거예요. 이를 두고 제바스티안 헤르만은 다음과 같이 말했습니다.

"세상에서 거짓말을 없애 버릴 수는 없습니다. 그렇기 때문에 대중을 거짓말쟁이들에게서 떼어 놓는 것이 중요합니다."

도대체 가짜 뉴스가 뭐야?

6장

가짜 뉴스와의
전쟁

진실은 가능한 한 지켜 내야만 합니다. 또한 진실에 대한 믿음, 진실한 보도가 가능하다는 믿음을 세우고 키워야 해요.

가짜 뉴스가 얼마나 위험한지 의식하게 된 뒤로, 정치와 언론 그리고 소셜미디어 기업에서는 가짜 뉴스 문제를 놓고 깊이 있는 논의가 펼쳐지기 시작했습니다. 이 과정에서 특히 어려운 과제는 정보가 언제 분명한 거짓으로 드러나는지를 알아내는 것입니다. 이는 생각만큼 간단한 일이 아니기 때문이죠. 특히나 표현의 자유와 가짜 뉴스 사이 경계가 분명하지 않으면 문제는 더더욱 심각해집니다.

정치가 하는 일

테러 선동, 살인 교사, 동물 학대 콘텐츠가 페이스북이나 트위터 같은 소셜미디어를 통해서 퍼지곤 합니다. 분명 조치를 취해야 하죠. 그런데 참 만만치가 않아요. 페이스북만 해도 전 세계적으로 하루에 13억 명 가량이 이용하고 있거든요. 오랫동안 페이스북은 통신수단으로 여겨졌어요. 전화가 그렇듯, 사람들이 이 통신수단을 통해 불법적인 일을 논의한다 해도 책임질 필요가 없다고 생각했죠. 하지만 이런 관점은 바뀌었습니다.

문제는 바이러스처럼 빠르게 전파되는 불법 콘텐츠를 정치가 어떻게 막을 수 있는가 하는 점이에요. 불법 콘텐츠는 효과적으로 걸러야 합니다. 그것도 페이스북이 정한 기준이 아니라, 각 국가의 법에 따라서 말이죠.

세계 여러 나라는 페이스북에 불법 콘텐츠나 혐오 표현을 걸러 내야 한다는 압박을 가해 왔어요. 하지만 성과는 미미했지요.

2017년, 독일은 페이스북이나 트위터 같은 소셜미디어가 혐오 표현, 폭력이나 범죄 관련 게시물을 신속하게 제거하도록 하는 법안을 통과시켰습니다. '소셜네트워크 내 법 집행 개선법 NetzDG'이라는 이름의 이 법은, 소셜미디어 기업들이 '명확하게 불법적인 내용'의 게시물을 24시간 안에 삭제하도록 의무화했어요. 불법성이 바로 드러나지 않는 글들은, 일주일의 시간을 주어서 국가의 감독을 받는 독립적 기관에 심사하게 했지요. 또한 소셜미디어 기업들은 6개월마다 어떤 글들을 삭제했는지 국가에 보고서를 내야 해요. 기업들이 이 규정을 지키지 않으면 최

독일의 '소셜네트워크 내 법 집행 개선법'을 설명하는 페이스북 페이지. 출처: 페이스북

대 5000만 유로(약 660억 원)의 벌금을 물릴 수 있습니다.

독일은 소셜미디어 기업이 책임지고 불법 콘텐츠를 규제하도록 한 최초의 민주주의 국가입니다. 이 법은 다른 많은 나라에서 올바른 방향으로 나아가고 있다고 평가받아요. 하지만 정작 독일에서는 많은 비판을 받지요. 특히 이 법으로 페이스북과 같은 소셜미디어 기업에게 판사의 권한을 주었다는 점을 문제 삼습니다. 어떤 것이 불법 콘텐츠인지 기업이 판단하게 해서, 국가의 가장 중요한 임무인 법의 집행이 사유화된다는 거예요. 이런 비판에 반대하는 사람들은, 페이스북은 이미 오래전부터 자체 '커뮤니티 가이드라인'에 따라 글의 게재 여부를 결정해 왔고 이에 따라 글을 삭제해 왔다고 주장합니다. 하지만 페이스북은 그 내부 기준이 무엇인지 구체적으로 밝히지 않고 있지요.

두 번째로 많은 비판은 이 법이 소셜미디어 기업에게 검열을 허락해 주었다는 것입니다. 게시물이 조금이라도 의심스러우면 기업은 벌금을 피하기 위해 충분한 검토 없이 글을 삭제하려 든다는 거죠. 한마디로 과도한 검열이 이루어질 수도 있다는 거예요. 이 비판이 적절하지 않다고 생각하는 사람들도 있어요. 페이스북 입장에서는 이용자들이 가능한 많은 콘텐츠를 올리고 공유하며 '좋아요!'를 달아야 많은 돈을 벌 수 있다는 점에서요.

페이스북은 독일의 '소셜네트워크 내 법 집행 개선법'에 대한 입장을 내놓았어요. 국가가 기업을 희생시켜 공적인 문제를 해결하려 해서는 안 된다고 주장했지요. 그밖에도 삭제 결정을 내릴 수 있는 역량 있는 직원이 부족하다고도 했고요. 이는 2016년 4분기에만 24억 달러의 이익을 올렸다고 신고한 대기업

가짜 뉴스 대책을 밝히는 허위조작대책특별위원회 위원장 박강온 의원. ⓒ연합뉴스

2019년 10월 1일, 더불어민주당
허위조작정보대책특별위원회의
'허위 조작 정보 종합 대책' 발표!

구글, 유튜브 등 외국 소셜미디어 기업 또한 불법 정보를
감시하고 필터링하는 등 국내 규제를 받도록 조치하는 방안.
독일의 '소셜네트워크 내 법 집행 개선법'을
참조했다고 설명했다.

에서 내놓은 주장이라고는 도저히 믿어지지 않아요. 페이스북은 이 법에 대해 드러내 놓고 불만을 털어놓지 않습니다. 그랬다가는 독일 국민들이 가만있지 않을 테니까요.

소셜미디어가 하는 일

진실을 캐고 널리 알리는 일은 소셜미디어 기업들의 주요 관심사가 아닙니다. 중요한 것은 이용자의 소비 행동이죠. 기업은 이용자들이 돈을 쓰는 문제에만 관심을 가져요. 그런데 이제 소셜미디어 기업도 가짜 뉴스와 불법 콘텐츠가 자신들의 채널에서 유포되면 기업의 명성에 커다란 해가 될 것이라는 사실을 점차 받아들이게 되었습니다. 기업의 이미지가 곧 기업의 가치를 만드니까요.

2017년, 페이스북의 최고경영자인 마크 저커버그는 콘텐츠 매니저, 다시 말해 신고가 접수된 게시물을 점검할 직원을 3000명 더 뽑겠다고 발표했습니다. 이 업무를 위해 전 세계적으로 총 7500명의 직원을 고용하게 되는 것이었죠. 그사이 페이스북 이용자는 20억 명이 되었기 때문에, 한 명의 콘텐츠 매니저가 약 266,666명의 이용자를 담당하게 되는 셈이었어요. 콘텐츠 매니저들이 제대로 게시물을 점검할 수 있을까 하는 문제가 있었지요.

페이스북은 가짜 뉴스 논란을 극복하기 위한 또 다른 전략을 내놓았습니다. 전 세계의 언론인들과 협업을 시도한 거예요. 예를 들어, 전혀 일어나지 않은 범죄에 대한 정보가 페이스북에 퍼졌을 때, 언론인들을 통해 해결한다는 거죠. 언론인들은 가짜 뉴스를 판별할 준비가 되어 있는 전문가들이니까요.

2017년 9월, 총선을 앞둔 독일에서 최초로 이 전략을 시험했습니다. 검증 작업을 맡은 건 비영리 미디어 회사 '코렉티브'였어요. 코렉티브는 허위로 의심되는 콘텐츠들을 검증했어요. 사실인지 아닌지 판단할 단서가 없다면, '논란이 있음disrupted'이라고 표시했고요. 반대되는 내용의 기사를 보여 주었지요. 그 콘텐츠를 삭제하지는 않았습니다. 그러면 독자들은 두 가지 서로 다른 정보를 보고 무엇이 옳은지를 스스로 판단할 수 있을 테니까요. 그럼에도 불구하고 그 콘텐츠가 페이스북에서 계속 공유된다면, 공유된 게시물에도 경고 표시가 뜨게 되었죠.

구글은 2016년 가을 몇몇 나라에서 '사실 확인' 서비스를 시작했고, 전 세계 각국으로 확대시키고 있습니다. 사실 확인 서비스란 뉴스 검색 결과에 정보 출처와 사실 확인 내용을 보여 주는 거예요. 경우에 따라서는 믿을 만한 출처에서 나온 기사를 인용하기도 해요. 알고리즘을 토대로 신뢰할 만한 매체들의 기사는 검색 결과 상단에 배치되게 했고요.

구글의 자회사인 유튜브는 신고된 내용을 비교적 빠른 시간 안에 적절하게 삭제합니다. 문제가 될 만한 동영상이나 사진 자료를 검증하는 방법들도 점점 정교해지고 있지요.

앞으로 몇 년 안에 이 분야에서 분명 더 많은 일이 일어날 거라고 봐요. 소프트웨어 개발자들이 가짜 뉴스 문제를 해결하겠다고 나섰거든요. 《쥐트도이체차이퉁》이 이와 관련한 보도를 내놓았어요. 소셜미디어에 올라온 뉴스가 진짜인지 가짜인지 알려 주는 소프트웨어를 개발한 대학생 아난트 괼에 대해서였죠. 그의 소프트웨어는 뉴스의 출처나 다른 기사와의 일치도에 따라 '진실 점수'를 매겨요. 아난트 필은 말했습니다.

"'진실 점수'가 일정한 기준치를 넘어서면 검증된 것입니다. 하지만 그 기준치에 도달하지 못하면 그 뉴스는 가짜로 표시됩니다."

언론과 언론인이 하는 일

도널드 트럼프 대통령은 취임 이후 여러 번 자신이 언론과 전쟁 중이라고 선언했습니다. 트럼프가 가짜 뉴스라고 욕을 해 댄 《워싱턴포스트》나 《뉴욕타임스》 같은 매체들은 여기에 모범적으로 대응했지요. 《워싱턴포스트》의 편집국장인 마틴 배런은 담담한 어조로 이렇게 말했어요.

"우리는 정부와 전쟁을 벌이고 있지 않습니다. 단지 할 일을 할 뿐입니다."

《뉴욕타임스》의 칼럼니스트 짐 루텐버그는 이렇게 말했고요.

"트럼프가 거칠게 나올 때마다 우리 신문의 발행부수는 올라갑니다. 신문사를 위해서는 좋은 일이지요. 그러니까 그는 의도치 않게 우리를 돕고 있는 셈입니다."

미국에서는 이런 상황을 '트럼프 효과Trump Bump'라고 불러요. 말 그대로 옮기면 '트럼프 혹'이라는 뜻인데, 신문의 발행부수 곡선 이 혹 모양처럼 갑자기 위쪽으로 상승해서 이런 이름이 붙었죠. 정말 《뉴욕타임스》는 2016년 4/4분기에 300만 부가 넘는 발행 부수를 올려 최고 기록을 세웠습니다. 2017년 1/4분기에는 온 라인판 신규 정기 구독자가 30만 8000명에 달했는데, 일찍이 유 례없는 기록이었지요. 그러기에 언론사들은 가짜 뉴스라는 비 난에 아주 침착하게 대응하는 것입니다.

전 세계적으로 언론인들은 가짜 뉴스에 어떻게 대처할까요? 당연히 우선 가짜 뉴스를 가짜 뉴스라고 밝히죠. 그밖에도 가짜 뉴스의 배경을 드러내 알리려고 많은 노력을 기울여요. 《뉴욕타 임스》는 솔선수범해서 500만 달러(약 60억 원)를 탐사보도에 투 자했습니다. 세계 여러 다른 매체들도 가짜 뉴스에 대응하기 위 해 독자적인 취재 팀을 운영하지요. '사실 확인'이란 뜻의 '팩트 체크fact check' 같은 이름을 달고서요. 이런 팩트 체크는 그 중요성 을 인정받으며 지난 몇 년 동안 뚜렷하게 늘어났습니다.

도대체 가짜 뉴스가 뭐야?

사실을 확인한 정보는 가능한 한 빨리 사람들에게 전달되어야 합니다. 가짜 뉴스가 널리 퍼지기 전에 말이죠. 그렇게 해야 독자들은 가짜 뉴스에 대비한 예방주사를 맞을 수 있지요. 하지만 유감스럽게도 지금까지는 이런 사실 확인이 이들 매체들을 신뢰하고 있던 일부 사람들에게만 전달되고 있습니다.

또한 많은 언론인은 투명성을 높이기 위해 노력하고 있습니다. '독자 편지'를 공개해 널리 알리기도 하고, 독자들의 비판과 자신들이 낸 오보에 대해 공식적인 입장을 밝히기도 하죠.(63쪽 참조) 또한 독자들에게 언론사와 접촉할 기회를 제공합니다. 예를 들어 기사 하단에 달려 있는 기자의 이메일 주소나 트위터 계정으로 말이죠. 그밖에도 언론인들은 독자들에게 기사가 작성되기까지의 과정을 들여다볼 수 있게 해 주기도 합니다.

법원이 하는 일

가짜 뉴스로 인한 분쟁에서 최종 결론을 내는 사람은 법원의 판사들입니다. 판사들은 각각의 사안들이 법적으로 문제가 있는지 살펴요. 예를 들면, 가짜 뉴스 유포가 명예훼손이나 대중 선동 같은 혐의에 들어맞는지 판단하지요. 법적으로 문제가 있다면 피해보상액이나 처벌의 수준을 결정해요.

7장

우리가
바꿀 수 있는 것은
무엇일까?

우리에게도 책임이 있어!

언론은 일방적으로 정보를 내보내고 소비자는 일방적으로 받기만 하던 시대는 지나갔습니다. 우리 모두는 가짜 뉴스와 맞서 싸우는 데 도움이 될 수 있어요. 영국 옥스퍼드대학 교수이자 역사학자인 티모시 가튼 애쉬는 다음과 같이 말했지요.

"언론인과 독자 사이를 가르던 경계선은 사라졌습니다."

우리는 이미 오래전부터 미디어의 적극적인 참여자가 되었습니다. 입장을 드러내고, 공유하고, 접속하고, 비판하고, 퍼뜨리고, 투표하는 가운데, 우리들 또한 미디어처럼 확대 재생산자가 된 거예요. 그래서 우리들은 책임을 져야 합니다. 소셜미디어에서 펼치는 활동에 신중해야만 하죠. 우리의 이성을 사용해서요! 페터 비에리가 추천하는 방법(164쪽 참조)을 활용하면, 정보의 배후를 비판적으로 탐구하는 데 큰 도움이 될 거예요.

가짜 뉴스 구별해 내기

가짜 뉴스를 막고자 한다면, 몇 가지 아주 중요한 요소들을 따져 보아야 합니다.

소셜미디어를 통해 무언가를 알게 되었을 때, 그 정보가 누구에게서 나왔는지 주의 깊게 확인해야 해요. 그 정보의 배후에 믿을 만한 언론인이 자리하고 있나요? 그렇다면 아마도 실수하는 일은 거의 없을 거예요. 하지만 정보의 출처를 모른다면요? 그럴 때는 누가 그 정보를 전달했는지 살펴야죠. 예를 들어, 웹

가짜 뉴스 판별 가이드

1. 뉴스의 출처를 파악하라!
출처가 낯선 매체라면 의심하고 보자.

2. 글을 끝까지 읽어라!
제목과 본문 내용이 다르다면 의심하자.

3. 작성자를 확인하라!
작성자가 실존 인물인지, 어떤 이력을 가졌는지
등을 확인해 믿을 만한지 판별하자.

4. 근거 자료를 확인하라!
관련 정보가 뉴스를 실제로
뒷받침하는지 확인하자.

5. 작성 날짜를 확인하라!
오래된 뉴스를 재탕 또는
가공한 건 아닌지 확인하자.

6. 풍자인지 확인하라!
뉴스가 너무 이상하다면 풍자성 글일 수 있다.

7. 자신의 선입견을 점검하라!
자신의 믿음이 판단에
영향을 미치지 않았는지 살피자.

8. 전문가에게 물어보라!
관련 분야 전문가들이
어떤 입장인지 확인하자.

출처 : 국제도서관연맹 IFLA

사이트나 무료 잡지의 배후에는 누가 숨어 있을까요? 모든 매체는 누가 그 내용을 책임지는지 밝혀 두고 있지요. 저자, 발행자, 연월일 등이 써 있는 책의 판권처럼요. 이 정보를 통해 우리는 각 매체를 누가 재정적으로 후원하는지 알게 됩니다. 특정 매체가 얼마나 신뢰할 만한지 따질 때 참고가 되지요.

또한 신뢰하는 매체의 보도와 비교해 봐야 합니다. 그랬는데도 진실인지 확신할 수 없다는 결론에 이르면, 기다려야 해요. 공유하지 말고 그 정보에 대해 묻고 또 물어야 하죠.

이런 가짜 뉴스 대처 방식을 주변 사람들에게 정보를 들을 때도 적용해야 해요. 부모님에게, 그리고 선생님과 친구들에게 정보를 어디에서 얻었는지 물어봐요. 그들의 이야기가 믿기 어려우면 어려울수록 그 정보가 어디에서 비롯되었는지를 아는 것은 그만큼 더 중요해지죠.

신뢰하는 언론매체를 두세 곳 더 찾아봐요. 신문, 웹사이트, 텔레비전, 라디오방송, 어디든 상관없어요. 이들은 대부분 소셜 미디어, 애플리케이션 같은 채널로도 운영하고 있어요.

또, 뉴스를 소비하는 자신만의 특정한 리듬을 만들어 봐요.

도대체 가짜 뉴스가 뭐야?

예를 들어 매일 아침, 뉴스 시간에 맞춰 라디오를 틀어 놓거나, 샤워할 때 라디오 뉴스를 들어 봐요. 하루에 한 번 뉴스 애플리케이션이나 뉴스사이트에 들어가 보고요. 매일 텔레비전 저녁 뉴스를 시청하거나, 시간이 없다면 짧게 편집해 놓은 인터넷상의 뉴스를 시청해 봅시다. 이처럼 규칙적으로 뉴스를 접한다면, 세상이 어떻게 돌아가고 있는지 파악할 수 있을 거예요. 동시에 좋은 뉴스를 알아보는 안목도 갖출 테고요. 그럼 가짜 뉴스를 더 빨리 알아볼 수 있을 거예요.

뉴스, 비판적으로 탐구하기

앞에서 설명했던 가짜 뉴스의 사례를 통해 우리는 가짜 뉴스 뒤에 정치적인 의도를 비롯한 특정한 이해관계가 숨어 있다는 사실을 확인했습니다. 가짜 뉴스에 희생당하지 않으려면 어떤 뉴스에 신뢰가 가지 않을 때 늘 '누구에게 이익이 되는가?'라고 물어야만 해요. 다시 말해, 우리가 어떤 뉴스를 믿는다면 그로 인해 누가 이득을 보는지, 또 모든 사람이 그 뉴스를 진짜라고 여긴다면 어떤 일이 일어날지를 확인하라는 뜻이죠.

정보의 출처가 의심스럽고, 또 정통 언론매체에서 찾아볼 수 없는 뉴스라면, 그 뉴스가 왜 퍼지는지를 곰곰이 생각해 봐요. 그 뉴스와 더불어 어떤 정치적인 목소리가 부추겨지나요? 그 뉴스는 특정한 소수집단을 겨냥하고 있나요? 그 뉴스로 가뜩이나 논란이 되는 문제에 대한 감성이 달아오르나요? 이런 비판적 접근은 가짜 뉴스의 희생양이 되는 것을 막을 수 있습니다.

또 학교나 모임에서 뉴스에 관해 토의해 봐요. 미디어의 세계에서 어떻게 더 잘 대처할 수 있을지 선생님에게 물어도 보아요. 아울러, 친구들과 함께 서로 다른 매체를 주의 깊게 살펴본 후, 매체가 저마다 말하려는 것에 관해 이야기 나눠 봅시다. 그렇게 배울 수 있는 건 여러분의 권리예요.

티모시 가튼 애쉬는 이렇게 말했습니다.

"정확한 정보의 도움을 받아 올바른 결정을 내리고 정치에 참여하기 위해 신뢰할 만한 미디어가 필요합니다. 우리는 이런 미디어를 직접 만들어 갈 수 있습니다."

어떻게 하면 될까요? 책임 의식을 갖춘 미디어를 소비하고 책임감 있게 정보를 대한다면, 그럴 수 있을 거예요. 우리가 말하고, 공유하고, 전달하는 것에 유의해 봐요. 말하는 정보들이 확실한지 먼저 분명히 하고요. 분명한 근거를 대고, 그저 주장만 내세우지 말며, 세상에다 대고 당당히 이야기해요.

우리 시대의 정치적인 토론은 서로 소통할 준비가 아직 되어 있지 않아 보여요. 하지만 서로 이야기하지 않고는 더 나은 세상을 만들 방법이 없습니다. 그러므로 우리와는 완전히 생각이 다른 사람들과도 이야기해야 해요. 비판과 경멸을 혼동하지 않도록 주의해야 하고요. 인신공격을 하거나 잘난 체하지 말고, 상대방을 자신과 동등하게 대해야 하죠. 그렇게 하면 우리의 생각이 조금도 바뀌지 않았을 때조차, 세상을 바라보는 눈이 넓어졌음을 깨닫게 될 것입니다.

질문을 던지고 용기를 내어 의견을 밝혀 봅시다. 무관심보다 나쁜 것은 없어요. 지금 우리의 행동이 우리의 미래를 만들 테니까요. 언젠가는 지금 결정권을 가진 어른들은 모두 이 세상에 존재하지 않을 거예요. 그때 세상을 만들어 가는 사람은 바로 여러분이에요. 즉, 여러분이 책임을 져야 하는 것입니다.

해제
한국과 가짜 뉴스 현상

금준경

《미디어오늘》 기자. 『유튜브 쫌 아는 10대』, 『생각이 크는 인문학: 미디어 리터러시』, 『세상에 대하여 우리가 더 잘 알아야 할 교양: 가짜 뉴스, 처벌만으로 해결이 될까?』 등을 썼습니다.

"유튜브가 진실을 말하고 있다."

'태극기 집회'라는 이름이 붙은 보수성향 집회 연설에서 나온 말입니다. 이들은 언론이 진실을 은폐하고 있다고 생각합니다. 반면 자신의 취향에 맞는 유튜브 콘텐츠는 진실이라고 굳게 믿지요.

전 세계적으로 '가짜 뉴스(허위 정보)'가 문제가 되고 있습니다. 미국, 유럽에 이어 어느새 한국에서도 '가짜 뉴스'라는 표현이 널리 쓰이고 있어요. 저자인 카롤리네 쿨라는 오늘날 사회를

'대안적 사실'을 추구하는 '탈진실' 시대라고 설명합니다.

이대로 괜찮을까요? 현실을 우려하는 저자의 생각에 전적으로 동의합니다. 정치적으로 생각이 다른 사람들이 서로 머리를 맞대 논의하기보다는 평행우주와 같은 자신만의 '대안적 사실'에 갇히면 사회의 갈등과 불안은 커지고 민주주의에 해가 될 수밖에 없지요. 유럽, 미국과 한국의 사례가 완전히 같지는 않지만 '가짜 뉴스'의 힘이 강력해질수록 진짜 뉴스의 힘은 약해질 수밖에 없는 문제는 저 역시 우려하고 있어요.

그럼 한국의 사례를 통해 '가짜 뉴스'를 살펴볼까요?

한국의 '가짜 뉴스'는 어떤 모습일까요?

유럽, 미국과 한국의 '가짜 뉴스'는 비슷하면서도 다른 면이 있습니다. 가장 큰 차이는 한국에서는 카카오톡 등 메신저를 통해 지라시 형식으로 유포되는 가짜 뉴스가 많다는 점이에요. '문재인 정부가 공산화 정책을 추진한다.'거나 '5·18민주화운동 때 광주의 참상을 기록한 독일 기자 위르겐 힌츠페터가 간첩이었다.'는 식의 카카오톡 지라시가 널리 유포됐지요.

2019년 5월, 5·18역사왜곡처벌농성단 회원들이 검찰에 5·18 가짜 뉴스와 역사왜곡 매체들의 불법 자금을 수사하라며 기자회견을 열고 구호를 외치고 있다. ⓒ연합뉴스

유튜브에는 '5·18민주화운동이 북한군 소행이다.'라는 주장, '문재인 대통령이 치매에 걸렸다.'는 주장 등이 수십만 조회수를 기록했습니다. 기독교 단체를 중심으로 동성애나 난민과 관련한 혐오 표현이 쏟아져 나오기도 했어요. 물론 특정 정치세력만 이런 주장을 하는 건 아니에요. 많은 사람을 가슴 아프게 했던 2014년 세월호 참사 때 '해경이 세월호를 고의로 침몰시켰다.'는 음모론도 등장했습니다.

'언론보도'도 가짜 뉴스일까요? 안타깝게도 사람들의 인식은

도대체 가짜 뉴스가 뭐야?

독일이나 한국이나 다르지 않습니다. 오히려 한국이 심각한 수준이에요. 한국언론진흥재단이 2019년 2월 발표한 설문조사 결과를 보면 응답자 중 24퍼센트는 가장 유해하다고 생각하는 가짜 뉴스 유형으로 '오보'를 뽑았지요.

엄밀히 말하면 언론보도와 가짜 뉴스는 구분할 필요가 있어요. 저자가 강조했듯 언론은 기본적으로 사실을 확인하고 검증하는 취재 활동을 하기 때문에 결과적으로 사실과 다른 기사를 쓸 수도 있지만, 정치적인 목적을 위해 혹은 사회적으로 혼란을 주기 위해 의도적으로 유포한 정보와는 구분해야 하겠죠.

문제가 있는 언론보도는 '오보' '왜곡 보도' 등 기존에 쓰이는 개념으로 충분히 설명할 수도 있어요. 그렇기에 기준이 모호한 '가짜 뉴스'라는 새로운 용어로 말할 필요도 없지요. 도널드 트럼프 미국 대통령을 비롯해 한국의 여야 정치인들이 자신에게 불리한 뉴스를 '가짜 뉴스'라고 부르는 데서 드러나는 것처럼 정치적으로 악용될 위험성도 크답니다.

포털사이트 뉴스 서비스의 영향력

그렇다고 가짜 뉴스 현상과 언론이 관련 없다는 건 아니에요.

형식은 기사이지만 가짜 뉴스와 다를 바 없는 내용들이 쏟아지는 것도 사실이니까요.

이 문제는 한국의 포털 환경과 관련이 있어요. 한국은 다른 나라에 비해 언론사 사이트에 직접 접속해서 뉴스를 보는 비율이 매우 낮아요. 반면에 포털사이트에 접속해 뉴스를 보는 비율이 매우 높지요. 지금도 포털 공간에서는 눈살을 찌푸리게 하는 기사가 경쟁적으로 쏟아집니다. 한국의 언론은 8000곳이 넘어요. 인구와 광고 시장규모 대비 지나치게 언론이 많지요. 작은 시장에서 많은 언론이 경쟁하다 보니, 더 많은 조회수를 올리는 게

2019년 2월, '포털 뉴스 서비스 이용자 평가와 과제' 토론회. 포털사이트가 언론사보다 여론에 더 큰 영향을 끼친다는 설문 결과를 발표하면서 향후 과제를 논의하는 자리를 가졌다. ⓒ연합뉴스

도대체 가짜 뉴스가 뭐야?

최우선 과제가 되어 버렸어요. 다른 기사보다 더 많이 읽히는 방법은 두 가지죠. 남들보다 먼저 쓰거나, 더욱 자극적인 내용을 쓰거나. 그래서 사실 확인을 거치지 않고 보도부터 하는 일이 비일비재해지고, 결과적으로 가짜 뉴스와 다르지 않은 기사가 탄생합니다. 독일에서도 온라인 환경으로 인해 사실을 제대로 검증하지 못한 기사가 나온다고 하지만 한국은 훨씬 심각하다고 할 수 있겠죠.

심지어 가장 규모가 큰 신문사에서도 이런 문제가 벌어져요. 2017년 서울에서 '240번 버스 사건' 논란이 벌어진 적 있어요. 버스에서 아이 혼자 내리자 어머니가 차를 세워 달라고 요청했지만, 운전기사가 어머니의 요청을 들어주기는커녕 욕설을 했다는 내용이었습니다. 이 모습을 목격했다는 온라인커뮤니티 게시 글이 발단이었죠. 그러나 이 주장은 사실과 거리가 멀었어요. 운전기사는 규정대로 정차했으며 아이가 버스에서 내린 사실을 어머니가 뒤늦게 알아차리면서 벌어진 문제였지요.

'240번 버스 사건' 이후 조선일보는 지면에 "자극적인 먹잇감만 생기면 집단 최면 걸린 듯 달려들어 몽둥이질을 해 대는 것이 사이버 세상의 병리 현상" "무책임하고 불성실한 글 하나가 누군가를 죽이는 흉기가 될 수 있다"며 온라인커뮤니티에 휘둘리는 여론을 비난했어요. 그런데 이 신문은 논란이 불거진 날, "'아이만 내렸어요' 엄마 절규 무시하고 달린 '240번 버스'에 들끓는 분노"라는 온라인 기사를 올렸습니다. 온라인커뮤니티 글을 퍼 나른 것이죠. 유체 이탈을 한 것 같지요?

받아쓰기 기사, 따옴표 저널리즘

한국 언론 특유의 따옴표 저널리즘도 가짜 뉴스와 다를 바 없는 뉴스를 만드는 이유 중 하나예요. 언론은 누군가가 주장을 하면 그게 사실인지 검증을 해야 하는데, 따옴표 저널리즘은 '그 사람이 이렇게 말했다'는 식으로 누군가의 주장을 따옴표를 붙여 전달하는 행태를 말해요. 과도한 경쟁 환경과 더불어 언론 자체가 사안을 검증할 만한 능력이 부족하고, 기자에게 취재할 시간적 여유를 주지 않는 문제가 맞물린 결과지요. 김춘식 한국외대 교수 연구에 따르면 2012년 대선 기간에 주요 논란을 다룬 지상파 3사 뉴스 중 제목에 따옴표가 들어간 기사가 81.3퍼센트에 달했습니다.

도대체 가짜 뉴스가 뭐야?

이런 환경은 사실과 다른 주장을 확산시키는 데 크게 기여해요. 저자가 정치인들이 가짜 뉴스 현상을 이용해서 일방적인 주장을 한다고 지적하잖아요. 한국은 따옴표 저널리즘이 횡행하기 때문에 정치인들은 사실이 아닌 걸 알거나 혹은 모호한 경우에도 사실이라고 주장합니다. 기사가 나오면 사실이든 아니든 그 주장 자체가 널리 퍼지게 되고 믿는 사람이 생겨나니까요. 2012년 대선 국면에서 '과거 노무현 대통령이 북한에 북방한계선인 NLL을 포기하는 발언을 했다.'는 주장이나 '검찰이 노무현 전 대통령 수사 과정에서 노 전 대통령이 고급 시계를 논두렁에 버렸다는 진술을 했다.'는 보도가 엄청난 사회적 파장을 몰고 왔죠. 하지만 이는 모두 뒤늦게 사실이 아닌 것으로 드러났어요.

언론의 흑역사, 불신을 키우다

가짜 뉴스가 힘이 강한 이유는 진짜 뉴스가 힘이 없기 때문이겠죠. 진짜 뉴스는 왜 힘을 잃었을까요? 책에서 저자가 설명한 것처럼 디지털 환경에서의 정보 홍수, 추천 알고리즘으로 인한 '확증 편향' 강화, 정치적 목적을 위해 언론을 가짜 뉴스로 규정하는 정치인들, 보편적 정서와 거리가 먼 언론인들의 계층적 분포, '블랙박스'처럼 투명하지 못한 언론의 구조, 디지털에 특화되지 못한 기사 전달 방식 등의 문제가 복합적으로 작용한 결과지요.

그런데 한국에서는 유독 진짜 뉴스가 신뢰를 받지 못하고 있습니다. 영국 옥스퍼드대학교 부설 로이터저널리즘연구소가 2019년 공개한 국가별 뉴스 신뢰도 조사 결과 한국은 38개 국가 가운데 4년 연속 꼴찌를 기록했어요. 저자는 독일의 뉴스 신뢰도도 낮다고 우려하지만 독일은 10위권에 속해 있어 한국과 비교할 정도는 아니랍니다.

왜 그럴까요? 언론 스스로 독일보다 더 많은 불신의 단서를 제공하고 있다는 점을 고려할 필요가 있어요. 앞서 언급한 '따옴표 저널리즘'이나 '인터넷 이슈를 받아쓰는 기사', 그리고 저자가 강조한 불투명한 언론사의 뉴스 전달 구조도 불신의 원인이지만, 근본적으로는 한국 언론이 누군가로부터 통제당해 온 역사가 자리 잡고 있습니다.

도대체 가짜 뉴스가 뭐야?

과거 독재정권 때는 정치권력이 주로 언론에 압력을 가했습니다.

"86년 7월 17일 성고문 사건 검찰 조사 결과 발표 내용만 쓰고, 시중에 나도는 반체제 측 고소장 내용은 일체 보도하지 말 것."

전두환 정부는 언론에 매일같이 이렇게 보도지침을 내렸어요. 정부에 불리한 내용은 아예 보도를 못 하게 막는 거죠. 당시만 해도 대부분의 언론은 정치권력이 원하는 대로 보도하는 '스

1988년 12월, 국회가 연 언론 청문회. 언론인들로부터 보도지침 등 정부 언론통제에 관한 증언을 듣고 있다.
ⓒ연합뉴스

피커' 역할을 했지요. 5·18 민주화 운동과 관련한 악의적인 정보가 아직까지도 판을 치는 데는 당시 언론의 '침묵'과 '왜곡'이 한몫했습니다.

오늘날 가장 무서운 권력인 광고주 역시 언론 불신과 관련이 깊어요. 저자가 말한 독일 사례에서는 기사를 작성하는 '편집권'과 언론사 수익을 위한 '광고 영업'이 엄격히 분리된다고 했지요. 이 대목을 읽으며 독일 언론 환경이 부럽다는 생각이 들었어요. 독일에선 상식적인 일이지만 한국은 그렇지 않거든요. 2018년 검찰의 최순실 게이트 수사 과정에서 장충기 삼성 미래전략실 사장의 문자메시지가 공개됐는데, 한국의 주류 언론사 간부들이 그에게 광고를 달라고 굴욕적으로 부탁하는 내용이 담겨 있어 논란이 된 적 있지요. 한 언론사 간부는 "우리는 삼성의 눈으로 세상을 보고 있다"고 말하기도 했어요.

경영난에 처한 한국 언론의 돌파구는 광고주였습니다. 한국 언론은 대기업 중심인 광고주로부터 돈을 받고 그들 기업을 홍보하는 기사를 쓰거나, 반대로 그들이 불편해하는 기사를 쓰지 않거나, 아니면 기업의 요구대로 기사를 고쳐 주거나 삭제하는 일이 잦아요. 일부 기자들은 대기업을 돌아다니며 광고 영업을 하고, 광고 팀은 기사와 광고의 거래를 제안합니다. 오늘 우리가 아침에 본 기사가 알고 보면 기업이 돈 주고 만든 광고였을지도 모르지요.

이런 흑역사를 우리 독자들은 알고 있습니다. 정치권력과 자본에 의해 제대로 된 보도를 하지 못한 한국 언론의 민낯을 말이죠. 이런 환경에서 언론이 무언가를 감춘다는 음모론은 강해집니다. 그래서 우리나라는 유독 언론 불신이 강하고, 가짜 뉴스에 대한 파급력이 큰 것으로 보여요. 특정한 언론이 정치권력자를 불편하게 하는 기사를 쓸 경우, 이 권력자의 지지자들은 말합니다.

'저 언론사가 과거에 했던 짓을 봐. 저기는 믿을 곳이 못 돼.'

규제가 대책이 될 수 있을까?

'가짜 뉴스(허위 정보)를 규제하는 데 찬성하십니까?'

이 같은 여론조사를 할 때마다 다수의 응답자들은 '찬성한다'고 답합니다. 가짜 뉴스가 사회적으로 문제 있으니 가만히 내버려 둬선 안 된다는 데 많은 시민이 동의해요. 국회에서는 여야 가리지 않고 수많은 국회의원이 가짜 뉴스 규제 법안을 발의했어요. 대부분이 가짜 뉴스를 삭제하지 않는 사업자들을 처벌하는 내용이지요.

책을 읽다 보면 독일에는 가짜 뉴스 규제가 있다는 사실을 알게 될 거예요. 독일식 법을 국내에도 적용하자는 주장이 많은데요. 소셜미디어 사업자에게 책임을 지도록 하는 법은 의미가 있지만 저자가 설명한 것처럼 소셜미디어 사업자가 직접 문제가 있는 콘텐츠를 걸러 내야 하기 때문에 자칫 문제가 없는 콘텐츠까지도 임의로 판단해 검열될 우려도 있어요.

무엇보다 독일과 한국은 법의 체계가 많이 달라요. 저자는 '소셜네트워크 내 법 집행 개선법NetzDG'을 소셜미디어가 혐오 표현, 폭력, 범죄 관련 등 '명확한 불법' 게시물을 신속하게 제거하도록 하는 법이라고 소개했었죠. 가짜 뉴스에 대한 처벌이라기보다는 명확한 불법 표현물에 대한 처벌법인 거죠. 가짜 뉴스가 주로 혐오와 차별, 폭력적인 표현을 담기에 가짜 뉴스에 대응하는 성격이 있어 편의상 '가짜 뉴스 규제'라고 부른답니다.

이 법에서 주목해야 할 점은 독일에서는 법적으로 하지 못하는 특정한 표현들이 구체적으로 정해져 있다는 사실이랍니다. 나치를 겪은 독일 사회에서는 인종에 대한 혐오와 폭력적인 표현, 혹은 나치를 찬양하는 표현을 못 하게 법으로 금지해 놨어요. 이미 법에서 쓸 수 없는 표현으로 규정한 내용을 소셜미디어 환경에 맞게 확대한 거죠.

그런데 한국을 포함한 대부분의 국가에서는 혐오나 폭력적인 표현을 법으로 금지해 놓지 않았어요. 이 상황에서 가짜 뉴스를 포털이나 유튜브, 페이스북에게 지우라고 한다면 어떻게 될까요? 이 사업자들이 진짜와 가짜를 임의로 구별해서 표현의 자유를 침해할 우려가 더욱 커지는 거죠.

한국 사회에서는 가짜 뉴스 규제 목소리가 높은 만큼 규제가 갖는 한계와 역효과를 강조하고 싶어요. 가장 큰 문제는 규제를 잘못 쓰거나, 함부로 쓸 가능성이 있다는 거예요. 한편에선 가짜 뉴스 규제에 반대하면 '악의적인 허위 조작 정보는 표현의 자유가 아니다.'라고 반박합니다. 맞는 말이에요. 문제는 표현의 자유 보호 대상이 아닌 '악의적이고 명백한 허위 조작 정보'를 골라내는 일이 무척 까다롭다는 데 있지요.

우선 현안의 허위 여부를 단정하기 쉽지 않습니다. '박근혜 대통령이 세월호 참사 당일 책무를 다하지 않았다.' 지난 정부는 이 같은 주장을 '허위 사실'이라고 단정했습니다. 그러나 박 전 대통령이 세월호 참사 때 골든타임을 놓치면서 직무를 유기한 게 사실로 드러났죠.

일찌감치 가짜 뉴스 규제법이 제정돼 인터넷 사업자에게 '즉시 삭제' 권한이 주어졌다면 어떻게 됐을까요? 세월호 참사 당시 대응과 관련해 당시 청와대가 공문서까지 조작해서 대응에 문제가 없다고 주장해 왔기 때문에, 인터넷 사업자 입장에서는 분명한 가짜 뉴스라고 판단해 관련 의혹을 모조리 삭제했을 가능성이 크죠.

누구에 대한 가짜 뉴스를 규제하느냐도 따져야 해요. 인터넷은 무한한 공간이에요. 방송통신심의위원회(이하 방통심의위) 모니터 요원이나 경찰 사이버수사대의 인력으로는 이 가운데 극히 일부 정보만 살펴볼 수 있지요. 경찰이나 방통심의위는 정부의 입김에서 자유롭지도 않아요. 결국 이들이 찾아내는 가짜 뉴스는 정부를 비방하는 내용일 가능성이 큽니다. 일반인에 대한 정보는 허위인지 구분하지 쉽지 않은 반면, 공인에 대한 허위 정보는 비교적 선명히 드러나기에 소수자나 약자보다는 공인에 대한 정보 중심으로 대응할 수밖에 없기도 해요. 선의를 가진 정부라고요? 규제를 만들 땐 이를 악용할 수 있는 권력이 들어설 가능성을 배제해선 안 됩니다.

한국에는 이미 허위 정보에 대한 막강한 규제가 있는 점도 생각할 필요가 있어요. 중앙선거관리위원회(이하 선관위)의 선거법 위반 게시 글 삭제, 방통심의위의 불법·유해 정보 심의, 임시조치 등은 해외 어느 나라 못지않은 강력한 온라인 표현물 규제 장치죠.

선관위는 선거기간마다 법원이 아닌 스스로의 임의적인 판단으로 허위사실유포 게시 글을 판별하고 '삭제 요청'을 해 오고 있습니다. 선거기간 동안 허위사실유포로 삭제된 게시 글은 19대 대통령 선거 때만 2만 5111건에 달해요. 20대 총선 기간 삭제된 게시 글 가운데는 정치인 자녀의 대학 부정 입학 의혹을 다룬 것들도 있었어요. 당시로는 진짜인지 가짜인지 분명히 드러나지 않았던 상황인데도 선관위는 게시 글을 삭제했지요.

방통심의위는 '통신 심의'를 통해 표현물을 삭제합니다. 가짜 뉴스라는 표현이 나오기 이전부터 유언비어 등 사실과 다른 정보에 대한 대응을 해 왔지요. 방통심의위의 통신 심의 규정 가운데 '사회적 혼란을 현저히 야기할 우려가 있는 내용'은 가짜 뉴스를 규제하는 근거로 써 왔어요. 방통심의위는 이 조항을 위반했다며 '세월호 참사 때 국정원이 개입했다'는 게시 글을 삭제했습니다. 박근혜 전 대통령 탄핵 국면에서 이를 풍자하는 정보들도 삭제 조치했고요. 사회질서를 혼란한다는 표현 자체가 참 모호하죠. 하지만 이 기구는 심의위원 9명 중 6명을 정부와 여당에서 추천한답니다. 결국 정부에 비판적인 가짜 뉴스만 주로 처리하는 거죠.

이외에도 '임시 조치'라는 제도도 시행하고 있어요. 댓글, 블로그 게시 글 등을 차단하고 삭제하는 제도인데, '사실이어도'

도대체 가짜 뉴스가 뭐야?

조치한다는 점에서 해외의 어떤 가짜 뉴스 규제보다 강력하죠. 특정 게시 글로 자신의 권리가 침해됐다고 주장하는 사람이 있으면 해당 게시 글을 30일 동안 무조건 차단하고 이 기간 동안 이의제기가 없으면 삭제하는 정책입니다. 이 제도는 어떤 사람이 자신에 대해 사실과 다른 게시 글을 올려놓는 등 인터넷 게시 글로 인한 권리침해에 대응하기 위해 만들어졌어요. 그런데 정치인이나 기업인에 대한 불만은 물론, 특정 업체의 제품을 비판하는 후기까지 지우는 식으로 악용되고 있지요.

생태계를 가꾸는 시민의 역할

이처럼 규제라는 말을 꺼내는 건 쉽지만 적재적소에 적용하기는 어려운 데다 잘못 쓰일 가능성이 큽니다. 비교적 잘못 쓰일 가능성이 적은 제도를 정교하게 만든다 해도 '가짜 뉴스'가 확 줄어든다는 보장도 없어요. 그렇기 때문에 규제가 아닌 다른 대응에 주목할 필요가 있답니다.

저자는 우리 모두가 가짜 뉴스와 맞서 싸우는 데 기여할 수 있다고 강조했어요. 언론이 제 역할을 못 한다는 비판은 타당하고, 언론은 많은 비판을 받아야 하죠. 하지만 언론이 필요 없는 사회는 없습니다. 누군가를 대신해 권력자들에게 질문하고, 확인되지 않은 내용의 사실관계를 확인하고, 권력자가 감추려 하는 것을 들추고, 다른 한편에서는 약자와 소수자의 현실을 조명해 제도개선을 이끌어 내는 역할은 반드시 필요해요. 나쁜 보도가 오늘도 쏟아지고 있지만 유심히 찾아보면 좋은 보도도 적지 않고요.

저자는 양질의 저널리즘으로 위기를 극복해 나가는 사례를 소개했는데요. 한국에서도 이런 매체들을 찾아볼 수 있습니다. 팩트 체크 매체 '뉴스톱'은 팩트 체크를 전문으로 하는 언론사예요. 기사에 언급된 근거를 일일이 언급하고 링크를 붙이며 투명성을 높인 점이 특징이랍니다. '뉴스타파'는 독자들이 후원하는 언론사로 성역 없는 탐사보도를 하죠. '셜록'은 기성 매체가 다루지 않은 지역문제, 소수자와 약자 문제를 집중적으로 오랫동안 취재하며 주목을 받고 있습니다.

이 책은 언론이 어떻게 기사를 만드는지, 가짜 뉴스는 누가

도대체 가짜 뉴스가 뭐야?

왜 만드는지 배경과 맥락을 이해하면서 정보를 분별하는 눈을 길러 줄 수 있는 점이 인상적이었어요. 특히 한국의 시각에서 놓치기 쉬운 해외 상황을 구체적으로 알아볼 수 있고, 한국과 접목되는 지점을 살펴보면서 진단과 해법에 대해 공유하고 이해의 폭을 키울 수 있어요. 이 책이 좋은 저널리즘을 가꾸고, 각자가 '필터버블'에 갇히는 대신 의견을 나누고 토론하는 문화를 만드는 데 기여해서 가짜 뉴스가 넘쳐 나는 현실을 이겨 내는 데 보탬이 됐으면 좋겠습니다.

10대를 위한 글로벌 사회탐구

도대체 가짜 뉴스가 뭐야?

1판 1쇄 펴냄   2020년 1월 29일
1판 4쇄 펴냄   2021년 9월 22일

지은이 카롤리네 쿨라
옮긴이 김완균
그린이 JUNO
해 제 금준경
펴낸이 박상희
편 집 김솔미, 전지선
디자인 신현수

펴낸곳 (주)비룡소
출판등록 1994년 3월 17일 제16-849호
주소 06027 서울시 강남구 도산대로1길 62 강남출판문화센터 4층
전화 영업 02)515-2000 편집 02)3443-4318,9 팩스 02)515-2007
홈페이지 www.bir.co.kr
제품명 어린이용 반양장 도서
제조자명 (주)비룡소
제조국명 대한민국
사용연령 3세 이상

ISBN 978-89-491-5297-4 44330 / 978-89-491-5296-7 (세트)